Vorwort

Der rheinische Städteatlas ist als historisch-topographisches Grundlagenwerk zur Geschichte der rheinischen Städte konzipiert. Anlage und Zielsetzung des Werkes sind ausführlich 1972 im Vorwort zur 1. Lieferung sowie 2005 von Margret Wensky [RhVjbl 69 (2005), S. 275–282] dargelegt worden. Es genügt daher, hier nur noch einmal einige Erläuterungen herauszustellen, welche die Benutzung des Werkes erleichtern.

Aufgenommen wurden alle Städte und gefreiten Orte des Landesteils Nordrhein von Nordrhein-Westfalen und des Teils von Rheinland-Pfalz, der bis zum Ende des Alten Reiches (1806) zu Kurköln oder zum Herzogtum Jülich gehört hat; das Stichjahr für die Aufnahme ist das Jahr 1961, also vor der kommunalen Neugliederung in NRW. Jede Mappe besteht aus einem Text- und einem Kartenteil. Der Text folgt einem Schema, das vergleichende Fragestellungen ermöglicht. In lexikalisch erfassten Daten und Fakten sowie ausführlicher formulierten Abschnitten werden umfassende Informationen zur Topographie, zur Siedlungsentwicklung, zum Verhältnis von Herrschaft und Gemeinde, zur Kirchengeschichte, zur Geschichte der jüdischen Bevölkerung, zum Schul-, Kultur- und Gesundheitswesen sowie zur Wirtschafts- und Sozialgeschichte geboten. Statistiken sowie Diagramme und Grafiken ergänzen die Darstellung. Ebenso werden darüber hinaus Siegel zur besseren Veranschaulichung und der zu erläuternden Sachverhalte abgebildet.

Der Kartenteil besteht aus in allen Mappen wiederkehrenden und aus variablen Elementen. Kernstück (Tafel 1) ist die Umzeichnung des Urkatasters aus dem frühen 19. Jh. im Maßstab 1:2500. Zur Darstellung der Entwicklung des Stadtkerns bis in die Gegenwart wird dem Urkataster der entsprechende Ausschnitt aus der aktuellen Amtlichen Basiskarte im Allgemeinen im Maßstab 1:5000 gegenübergestellt. Tafel 2 enthält im Maßstab 1:25000 Ausschnitte aus den Kartenwerken von Tranchot/von Müffling bzw. LeCoq aus dem frühen 19. bzw. späten 18. Jh., aus der preußischen Kartenaufnahme 1836–50 (Uraufnahme), der preußischen Kartenneuaufnahme (1891–1912), der aktuellen topographischen Karte sowie ein aktuelles Senkrechtluftbild. Diese Kartenfolge dient der Dokumentation der Siedlungsentwicklung der Städte sowie ihres Umlandes vom 19. Jh. zur Gegenwart. Darüber hinaus wird die mit dem Urkataster entstandene Gemeinde-Übersichtskarte oder eine vergleichbare Karte ediert. Die Kartenfolge wird ergänzt durch eine Auswahl älterer Karten, Pläne, Ansichten und Fotos. Für Städte mit bedeutender industrieller Entwicklung werden Themenkarten angeboten, welche den Stand der Stadt- und Wirtschaftsentwicklung etwa zur Zeit der Hochindustrialisierung bzw. nach dem Strukturwandel in der Gegenwart anzeigen.

In dieser Lieferung sind die alte bergische Stadt Gräfrath, das sich ebenfalls im Mittelalter städtisch entwickelnde Waldfeucht an der Grenze zur Niederlande und die junge Stadt Porz, die heute zu Köln gehört, enthalten.

Die Siedlung **Porz** ging aus einer 1297 erstmals erwähnten Gerichtsstätte hervor. Obwohl der Ort von seiner Einwohnerzahl und seiner wirtschaftlichen Leistung her gesehen nicht mehr als ein unbedeutendes Dorf war, erlangte es durch seine Funktion als Gerichtsstätte eine gewisse regionale Bedeutung für die Grafen von Berg. Es war nicht nur Landgericht, sondern auch eines der beiden Hauptgerichte. Um 1700 gab es in Porz 25 Häuser. 1806 bildete das Dorf zusammen mit Eil, Elsdorf, Ensen, Heumar, Urbach und Westhoven zunächst die Munizipalität, kurze Zeit später dann die Marie Heumar. 1875 wurde Porz Verwaltungssitz der Gemeinde Heumar, die erst 1928 in Porz umbenannt wurde. 1929 folgte die Zusammenlegung der Gemeinden Porz und Wahn zur neuen Gemeinde Porz. Das 1951 mit Stadtrechten versehene Porz bestand aus 14 Ortschaften, wurde allerdings 1975 nach Köln eingemeindet und bildet seitdem den gleichnamigen Stadtbezirk.

Bis zum Bau des Bahnhofs zwischen Porz und Urbach (1859) blieb Porz ein kleines Straßendorf, in dem bis weit in das 19. Jh. hinein die Landwirtschaft vorherrschend war. Als Handelsplatz etablierte sich in geringem Umfang Zündorf, wenngleich es auch in Porz und einigen anderen am Rhein gelegenen Dörfern des späteren Stadtgebietes Schiffsanlegestellen gegeben hat.

Das eigentliche Wachstum begann erst mit dem Anschluss an die Eisenbahn und der in dieser Folge einsetzenden raschen Industrialisierung, die mit einem genauso schnellen Bevölkerungswachstum korrespondierte. Nach 1945 verstärkte und beschleunigte sich mit dem Bevölkerungswachstum der Prozess des siedlungsmäßigen Zusammenwachsens der einzelnen Stadtteile. Bereits Anfang des 20. Jhs. waren viele ausländische Arbeiter aus Belgien, Italien, Luxemburg und den Niederlanden (v. a. in der Glasindustrie) in Porz und Urbach ansässig.

Ohne Zwischenstufen entwickelte sich Porz vom Bauerndorf zum Industriestandort, wozu die verkehrsgünstige Lage und die Anbindung an lokale und überregionale Märkte beitrugen, die durch Autobahnen und dem Flughafen nach dem Zweiten Weltkrieg noch verbessert wurde.

Waldfeucht wurde erstmals 1240 als *Watfuthe* erwähnt und in Folge der weiteren Entwicklung des Orts unter Brabanter Herrschaft 1350 als *stat* bezeichnet. Die Siedlung ist eine gewachsene Stadt. In die Mitte des 14. Jhs. fällt auch die Ersterwähnung eines Bürgermeisters und von Schöffen.

Außer den beiden Toren aus Mauerwerk war die Stadt von wassergefüllten Gräben sowie von heckenbestandenen Wällen umgeben. Im 13. Jh. besaßen die Herren von Altena und Horn die Grund- und Gerichtsherrschaft, im folgenden Säkulum war Waldfeucht ein Heinsberger Lehen, das die Herren von Stein an der Maas innehatten. Ab 1499 gehörte der Ort zum Herzogtum Jülich, und 1509/10 zählte er zu den landtagsfähigen Städten. 1816 wurde die Mairie Waldfeucht Bürgermeisterei, 1935 kam es zur Bildung des Amts Waldfeucht mit den Orten Braunsrath, Haaren und Saeffelen. 1972 gründete man die neue Gemeinde Waldfeucht.

Nach Waldfeucht führte eine Wallfahrt zum hl. Rochus, spätestens seit dem 17. Jh. in die dortige Pfarrkirche. Dieses Gotteshaus und der vermutl. von den Herren von Loon angelegte Fronhof machten den Ort zu einem religiösen und administrativen Mittelpunkt, der zur Ansiedlung von Handwerkern führte.

Bereits 1277 sind diverse Handwerker und ein Markt erwähnt. Bis ins 19. Jh. hinein wurde in Waldfeucht auch die Leinen- und Samtweberei betrieben. Ansonsten blieb der Ort lange von der Landwirtschaft geprägt. Der fehlende Eisenbahnanschluss hatte zur Folge, dass die Industrialisierung kaum Fuß greifen konnte. Als einzige größere Firma siedelte sich 1970 eine Eiskremfabrik an, die sich zum größten Arbeitgeber entwickelte.

Gräfrath wurde erstmals 1135 erwähnt als *Greuerode*, 1402 als *vryheit* und die Einwohner als *burgere*. 1817 gehörten zur Bürgermeisterei Gräfrath der gleichnamige Ort sowie zahlreiche Wohnstätten in der Umgebung.

Bereits wenige Jahrzehnte nach der Gründung des Augustinerchorfrauenstiftes (1185/87) begannen die Beziehungen zum bergischen Herrscherhaus, das für sich Schutzfunktionen reklamierte und dieses geistliche Institut förderte.

Zu Füßen des sogenannten Klosterhügels mit Kirche, Klausur, Friedhof und Wirtschaftsgebäuden entwickelte sich in einer Talmulde am Zusammenfluss zweier Quellbäche der Itter das Dorf Gräfrath, 1189 als *villa* bezeichnet. Größter Grundherr war bald das örtliche Stift, von dem auch Impulse für das Wachstum der Siedlung ausgingen.

1358 wurden bereits mehrere Jahrmärkte in Gräfrath abgehalten. Im 1402 erlassenen Freiheitsprivileg wurden der Freiheit und den Bürgern alle Rechte gewährt, die auch Solingen zugestanden worden waren, wozu neben der Selbstverwaltung auch die Befugnis gehörte, den Ort zu befestigen.

Zwei Brandkatastrophen im 17. Jh. zerstörten Gräfrath weitgehend. Die insgesamt recht schlecht ausgebauten überregionalen Verkehrswege hemmten das Wachstum des Ortes. Eine Verbesserung brachte 1816 die Fertigstellung der neuen Kohlenstraße. 1856 wurde dem Ort die Rheinische Städteordnung verliehen. Gräfrath war vorrangig eine Stadt der Handwerker, die v. a. für den lokalen Markt arbeiteten. Als Leitgewerbe fungierte das Messermacherhandwerk. Die Landwirtschaft spielte nur eine untergeordnete Rolle. Wichtig war auch der Pilgerverkehr. Erst seit den 1870er-Jahren nahm die Industrialisierung hier Fahrt auf. Während sich der Stadtkern kaum veränderte, kam es in den Außenbezirken zu vermehrter Bautätigkeit: in Central entstanden Arbeitersiedlungen und ein Geschäftszentrum.

1929 verlor Gräfrath seine städtische Eigenständigkeit, als es mit Solingen, Höhscheid, Ohligs und Wald zur Stadt Groß-Solingen zusammengeschlossen wurde.

Auf vielleicht noch mittelalterlichem Grundriss existiert eine überwiegend aus dem 18. Jh. stammende Bebauung. Die Stadt beherbergt heute das Deutsche Klingenmuseum im ehemaligen Stiftsgebäude.

Die Atlasredaktion dankt allen Institutionen (Archiven, Bibliotheken, Geobasis NRW, Kataster- und Vermessungsämter, Universitäten, Kommunalverwaltungen) und den dabei beteiligten Personen, ohne deren Hilfe diese Lieferung nicht hätte erscheinen können. Ein ganz besonderer Dank gilt natürlich der Autorin Frau Dr. Elfi PRACHT-JÖRNS (Gräfrath) sowie den beiden Autoren Dr. Wolfgang LÖHR (Waldfeucht) und Dr. Christian HILLEN (Porz), welche die Texte erarbeitet haben.

Bonn, im November 2021
LVR-Institut für Landeskunde und Regionalgeschichte

Stichwortschema

Kopf
Name nach dem aktuellen Amtlichen Verzeichnis der Gemeinden in Nordrhein-Westfalen bzw. Rheinland-Pfalz. Aufgenommen werden mit Stand 1961 (vor den 1975 abgeschlossenen kommunalen Gebietsreformen) alle Städte, ehemaligen Städte und gefreiten Orte (Freiheiten, Flecken, Täler usw.); entscheidend ist der nachweisbare städtische bzw. gefreite Rechtscharakter des Ortes bis 1961

I Siedlung
1. Geographische Lage und Verkehrsanbindung
2. Bodenfunde in der Gemarkung
3. Erste Erwähnung und alle folgenden Namenbelege (im allg. bis 1200 bzw. 1300), für die jüngere Zeit nur die in der Namenentwicklung abweichenden Belege. Fälschungen und kopiale Überlieferungen werden als solche gekennzeichnet
4. Bezeichnung der Siedlung
5. Bezeichnung der Siedlungsbewohner
6. Wüst gewordene Nachbarsiedlungen (innerhalb der Gemarkung)
7. Ortsteile, Gebietsveränderungen, Eingemeindungen
8. Gemarkungsgröße 1885–1975
9. Flurnamen (im allg. bis 1300 bzw. 1500)

II Topographie
1. Burg
2. Siedlungsentwicklung, Befestigung, Brände
3. Tore
4. Türme
5. Straßen, Plätze, Gebäude
6. Rechtsdenkmäler
7. Größe des umwehrten Areals in ha (N-S und W-O-Ausdehnung)

III Herrschaft und Gemeinde
1. Grund- und Gerichtsherrschaft, Weistümer, Amtsträger und Bedienstete
2. Markt, Zoll, Münze, Bede und Akzise
3. Stadtrechtsverleihung bzw. Freiung, Privilegierungen
4. Stadtgericht (Bannmeile, Außenbürger)
5. Schöffen- und Stadtsiegel, Wappen
6. Gemeinde, Bürgermeister und Rat
7. Bruderschaften und Zünfte
8. Wehrwesen (Schützen)
9. Stellung im Territorium

IV Kirche, Schule, Kultur und Gesundheitswesen
1. Erste Erwähnung der Kirche bzw. des Geistlichen. Bei Orten ohne Kirche Angabe der zuständigen Pfarre, Erwähnung im Liber Valoris. Geschichte des Kirchenbaus
2. Patrozinium und Altäre, Kirmes- bzw. Kirchweihtermine
3. Patronats- und Zehntherr
4. Pfarrbezirk und Filialen, Bistums- und Dekanatszugehörigkeit
5. Klöster und Stifte
6. Hospitäler und Krankenhäuser, Ärzte und Apotheker, Armenwesen
7. Wallfahrten
8. Juden, Synagoge, Friedhof, Privilegierung
9. Einführung der Reformation, Evangelische Gemeinde
10. Konfessionszahlen
11. Schulen und Bildungseinrichtungen

V Wirtschafts- und Sozialstruktur, Statistik
1. Einwohner- und Häuserzahlen
2. Agrarwirtschaft
3. Bergbau
4. Gewerbe und Industrie (auch Druckereien und Zeitungen)
5. Wirtschaftliche und soziale Gesamtentwicklung
6. Maße und Gewichte

VI Quellen und Literatur
1. Wichtige ungedruckte Quellen
2. Wichtige gedruckte Quellen
3. Wichtige Literatur

Gekürzt zitierte Quellenpublikationen und Literatur/Statistische Handbücher

ADELMANN, Gerhard (Hg.): Der gewerblich-industrielle Zustand der Rheinprovinz im Jahre 1836, Bonn 1967. – Zit.: ADELMANN: Rheinprovinz

BÄR, Max: Die Behördenverfassung der Rheinprovinz seit 1815, Bonn 1919. – Zit.: BÄR: Behördenverfassung

BELOW, Georg v: Landtagsakten v Jülich-Berg 1400–1610, 2 Bde., Düsseldorf 1895–1907. – Zit.: BELOW: Landtagsakten

BINTERIM, Anton Joseph/MOOREN, Joseph Hubert: Die alte u. neue Erzdiözese Köln in Dekanate eingetheilt..., 1. Aufl., 4 Bde., Mainz 1828–30, 2. Aufl., bearb. v A. Mooren, 2 Bde., Düsseldorf 1892–93. – Zit.: BINTERIM/MOOREN: Erzdiözese

BRUNS, Friedrich/WECZERKA, Hugo (Bearb.): Hansische Handelsstraßen, Köln/Graz 1962–68. – Zit.: BRUNS/WECZERKA: Handelsstr.

CDRhM → W. GÜNTHER: Codex diplomaticus Rheno-Mosellanus

DEHIO, Georg: Handbuch der deutschen Kunstdenkmäler. Nordrhein-Westfalen I: Rheinland, München/Berlin 2005 – Zit.: DEHIO: NRW I

DIEDERICH, Toni: Rheinische Städtesiegel, Neuss 1984. – Zit.: DIEDERICH: Städtesiegel

ENNEN, Leonard/ECKERTZ, Gottfried (Hg.): Quellen zur Geschichte der Stadt Köln, 6 Bde., Köln 1860–79. – Zit.: ENNEN/ECKERTZ: Quellen Köln

EWALD, Wilhelm: Rheinische Siegel, Bd. 3, Die Siegel der rheinischen Städte u. Gerichte, Bonn 1931. – Zit.: EWALD: Rhein. Siegel

FABRICIUS, Wilhelm: Bd. 2, Die Karte v 1789, Bonn 1898; Bd. 5, Die beiden Karten der kirchlichen Organisation 1450 u. 1610, 1. Hälfte, Bonn 1909. – Zit.: FABRICIUS: Atlas

Germania Judaica, 3 Bde. in 6 Teilen, Tübingen 1963–2003. – Zit.: Germania Judaica

GOERZ, Adam (Bearb.): Mittelrheinische Regesten oder chronologische Zusammenstellung des Quellenmaterials für die Geschichte der Territorien der beiden Regierungsbezirke Koblenz u. Trier in kurzen Auszügen, Bd. 1–4, Koblenz 1876–86 (ND Aalen 1974). – Zit.: MrhR

GORISSEN, Friedrich (Bearb.): Urkunden u. Regesten des Stiftes Monterberg-Kleve, Bde. 1–2, Kleve 1989–90. – Zit.: GORISSEN: Monterberg-Kleve

GÜNTHER, Wilhelm: Codex diplomaticus Rheno-Mosellanus. Urkundensammlung zur Geschichte der Rhein- u. Mosellande, der Nahe- u. Ahrgegend ... u. der Eifel, 5 Bde., Koblenz 1822–26. – Zit.: CDRhM

HAGEN, Josef: Erläuterungen zum geschichtlichen Atlas der Rheinprovinz, Bd. 8, Römerstraßen der Rheinprovinz, 2. Aufl., Bonn 1931. – Zit.: HAGEN: Römerstraßen

HANSEN, Joseph (Hg.): Quellen zur Geschichte des Rheinlandes im Zeitalter der Französischen Revolution 1780–1801, 4 Bde., Bonn 1931–38. – Zit.: HANSEN: Quellen

Hansisches Urkundenbuch, hg. v Konstantin Höhlbaum [u. a.], 11 Bde., Halle/Weimar 1876–1939. – Zit.: HUB

HÖHLBAUM, Konstantin (Bearb.): Kölner Inventar, 2 Bde., Leipzig 1896–1903. – Zit.: HÖHLBAUM: Kölner Inventar

HS-NRW = Handbuch der Historischen Stätten. Nordrhein-Westfalen. Hg. von den Landschaftsverbänden Rheinland u. Westfalen-Lippe durch Manfred Groten, Peter Johanek, Wilfried Reininghaus u. Margret Wensky. 3., völlig neu bearb. Aufl. Stuttgart 2006.

HUB → Hansisches Urkundenbuch

ILGEN, Theodor (Bearb.): Quellen zur inneren Geschichte der rheinischen Territorien. Herzogtum Kleve, 3 Bde., Bonn 1921–25. – Zit.: ILGEN: Kleve

JOERRES, Peter (Hg.): Urkunden-Buch des Stiftes St. Gereon zu Köln, Bonn1893. – Zit.: JOERRES: Gereon

KASTNER, Dieter (Bearb.): Der Rheinische Provinziallandtag u. die Emanzipation der Juden im Rheinland 1825–1845, 2 Teile, Köln/Bonn 1989. – Zit.: KASTNER: Provinziallandtag

KELLETER, Heinrich (Bearb.): Urkundenbuch des Stiftes Kaiserswerth, Bonn 1904. – Zit.: KELLETER: UB Kaiserswerth

KISTENICH, Johannes: Bettelmönche im öffentlichen Schulwesen. Ein Handbuch für die Erzdiözese Köln 1600 bis 1850, 2 Bde., Köln/Weimar/Wien 2001. – Zit.: KISTENICH: Bettelmönche

Kleve-Mark Urkunden 1223–1368. Regesten des Bestandes Kleve-Mark Urkunden im Nordrhein-Westfälischen Hauptstaatsarchiv in Düsseldorf, bearb. v W. R. Schleidgen, Siegburg 1983. – 1368–1394, bearb. v W. R. Schleidgen, Siegburg 1986. – 1394–1416, bearb. v H. Preuss, Siegburg 2003. – Zit.: Kleve-Mark Urkk

KÖTZSCHKE, Rudolf (Hg.): Rheinische Urbare II–IV. Die Urbare der Abtei Werden a. d. Ruhr, 3 Bde. in 4 Teilen, Bonn 1906–58. – Zit.: KÖTZSCHKE: Werden

KUBACH, Hans Erich/VERBEEK, Albert: Romanische Baukunst an Rhein u. Maas, 4 Bde., Berlin 1976–89. – Zit.: KUBACH/VERBEEK: Baukunst

KÜCH, Friedrich (Hg.): Landtagsakten v Jülich Berg, 2. Reihe: 1624–1653, Bd. 1, Düsseldorf 1924. – Zit.: KÜCH: Landtagsakten 1

KUSKE, Bruno (Hg.): Quellen zur Geschichte des Kölner Handels u. Verkehrs, 4 Bde., Bonn 1917–34. – Zit.: KUSKE: Quellen

LACOMBLET, Theodor Joseph (Hg.): Archiv für die Geschichte des Niederrheins, Bd. 1–5, Düsseldorf 1831–65, Bd. 6–7 fortgesetzt v W. Harless, Köln 1867–69. – Zit.: LACOMBLET: Archiv

LACOMBLET, Theodor Joseph (Hg.): Urkundenbuch für die Geschichte des Niederrheins, 4 Bde., Düsseldorf 1840–58. – Zit.: LACOMBLET: NrhUB

Liber Valoris → OEDIGER: Liber Valoris

Die Matrikel der Universität Köln, 7 Bde., hg. v Hermann Keussen u. a., Bonn 1919–31, Düsseldorf 1981. – Zit.: Matrikel Köln

MEUTHEN, Erich (Bearb.): Aachener Urkunden 1101–1250, Bonn 1972. – Zit.: MEUTHEN: UB Aachen

MOSLER, Hans (Bearb.): Urkundenbuch der Abtei Altenberg, Bd. 1 Bonn 1912/Düsseldorf 1955. – Zit.: MOSLER: UB Altenberg

MrhR → A. GOERZ: Mittelrheinische Regesten

MrhUB → Urkundenbuch zur Geschichte der jetzt die Preußischen Regierungsbezirke Coblenz u. Trier bildenden mittelrheinischen Territorien

NAGEL, Rolf: Rheinisches Wappenbuch, Köln/Bonn 1986. – Zit.: NAGEL: Wappenbuch

NIJHOFF, Isaak A.: Gedenkwaardigheden uit de Geschiedenis van Gelderland, 6 Bde., Arnhem 1830–75. – Zit.: NIJHOFF: Gelderland

Nordrheinisches Klosterbuch, hg. v Manfred Groten u. a., Teil 1–3, Siegburg 2009–2021. – Zit.: Nordrhein. Klosterbuch

NrhUB → LACOMBLET: Urkundenbuch für die Geschichte des Niederrheins

OBGZ → Oorkondenboek van Gelre en Zutphen

OEDIGER, Friedrich Wilhelm (Hg.): Das Einkünfteverzeichnis des Grafen Dietrich IX. v 1319 u. drei kleinere Verzeichnisse des rechtsrheinischen Bereichs, 2 Teile, Düsseldorf 1982. – Zit.: OEDIGER: Klever Urbar

OEDIGER: Friedrich Wilhelm (Bearb.): Die Kirchen des Archidiakonates Xanten, Bonn 1969. – Zit.: OEDIGER: Archidiakonat

OEDIGER, Friedrich Wilhelm (Hg.): Der Liber Valoris, Bonn 1967. – Zit.: Liber Valoris

Oorkondenboek van Gelre en Zutphen tot 1326, hg. v E. J. Harenberg u. a., Aflevering 1–8, 's-Gravenhage 1980–2003. – Zit.: OBGZ

PRACHT-JÖRNS, Elfi: Jüdisches Kulturerbe in Nordrhein-Westfalen, Teil 1–2, Köln 1997/2000. – Zit.: PRACHT-JÖRNS, Jüd. Kulturerbe

REDLICH, Otto R.: Jülich-Bergische Kirchenpolitik am Ausgange des Mittelalters u. in der Reformationszeit, 2 Bde., Bonn 1907–15. – Zit.: REDLICH: Kirchenpolitik

Die Regesten der Erzbischöfe v Köln im Mittelalter, Bd. 1 bearb. v F. W. Oediger, Bonn 1954–61, Bd. 2 u. 3 bearb. v R. Knipping, Bonn 1901–13, Bd. 4 bearb. v W. Kisky, Bonn 1915, Bd. 5–7 bearb. v W. Janssen, Köln/Bonn 1973–77, Düsseldorf 1982, Bd. 8–12 bearb. v N. Andernach, Düsseldorf 1981–2001. – Zit.: REK

Regesten der Reichsstadt Aachen, Bd. 1 u. 2 bearb. v M. Mummenhoff, Bonn 1961/Köln 1937; Bd. 3–7 bearb. v Th. R. Kraus, Düsseldorf 1999–2012. – Zit.: RRA

REICHERT, Winfried: Lombarden in der Germania-Romania. Atlas u. Dokumentation, 2 Teile, Trier 2003. – Zit.: REICHERT: Lombarden

REK → Die Regesten der Erzbischöfe v Köln im Mittelalter

Rheinisches Urkundenbuch. Ältere Urkunden bis 1100, Bd. 1 u. 2 bearb. v E. Wisplinghoff, Bonn 1972/Düsseldorf 1994. – Zit.: RhUB

RhUB → Rheinisches Urkundenbuch

ROSENKRANZ, Albert: Das Evangelische Rheinland, 2 Bde., Düsseldorf 1956–58. – Zit.: ROSENKRANZ

RRA → Regesten der Reichsstadt Aachen

SAUERLAND → Urkunden u. Regesten zur Geschichte der Rheinlande

SCHIEDER, Wolfgang (Hg.): Säkularisation u. Mediatisierung in den vier rheinischen Departements 1803–1813, T II, 1 u. 2: Rhein-Mosel-Departement, Teil V, 1 u. 2: Roer-Departement, Boppard am Rhein 1991. – Zit.: SCHIEDER: Säkularisation

SCHLEIDGEN, Wolf-Rüdiger (Bearb.): Urkundenbuch des Stifts St. Lambertus/St. Marien in Düsseldorf, Bd. 1: Urkunden 1288–1500, Düsseldorf 1998. – Zit.: SCHLEIDGEN: Düsseldorf

SCHOLZ-BABISCH, Marie (Hg.), Quellen zur Geschichte des klevischen Rheinzollwesens vom 11. bis 18. Jh., 2 Bde., Wiesbaden 1971. – Zit.: SCHOLZ-BABISCH

SLOET, Ludolf Anne Jan Wilt: Oorkondenboek der graafschappen Gelre en Zutphen tot op den slag van Worringen, 5. Juni 1288, 2 Teile, Den Haag 1872–76. – Zit.: SLOET: Oorkondenboek

TORSY, Jakob (Bearb.): Die Weihehandlungen der Kölner Erzbischöfe 1661–1840, Düsseldorf 1969. – Zit.: TORSY: Weihehandlungen

Urkundenbuch zur Geschichte der jetzt die Preußischen Regierungsbezirke Coblenz u. Trier bildenden mittelrheinischen Territorien, Bd. 1 bearb. v H. Beyer, Bd. 2 bearb. v H. Beyer [u. a.], Bd. 3 bearb. v L. Eltester/A. Goerz, Koblenz 1860–78. – Zit.: MrhUB

Urkunden u. Regesten zur Geschichte der Rheinlande aus dem Vatikanischen Archiv, Bd. 1–5 bearb. v H. V. Sauerland, Bd. 6–7 hg. v H. Timme, Bonn 1903–13. – Zit.: SAUERLAND

WEILER, Peter (Bearb.): Urkundenbuch des Stifts Xanten, Bd. 1, Bonn 1935. – Zit.: WEILER: UB Xanten

WISPLINGHOFF, Erich (Bearb.): Urkunden u. Quellen zur Geschichte v Stadt u. Abtei Siegburg 948–1587, 2 Bde., Siegburg 1964/85. – Zit.: WISPLINGHOFF: UB Siegburg

---

Beschreibung des Regierungs-Bezirks Cleve 1818 u. 1821

Beschreibung des Regierungsbezirkes Düsseldorf 1817

Bevölkerung, Privathaushalte u. Erwerbstätige. Gemeindeergebnisse der Volkszählung. Sonderreihe zur Volkszählung 1987 in Nordrhein-Westfalen, Bd. 1.1, Düsseldorf 1989. – Zit.: Bevölkerung, Privathaushalte u. Erwerbstätige. Gemeindeergebnisse der Volkszählung. Sonderreihe zur Volkszählung 1987 in Nordrhein-Westfalen, Bd. 1.1, Düsseldorf 1989.

Die Bevölkerung der Gemeinden in Rheinland-Pfalz 1815 bis 1980, Bad Ems 1982

Das Bistum Münster, 3 Bde., Münster 1993

DANIELS: Handbuch = Handbuch der für die Königl. Preuß. Rheinprovinzen verkündigten Gesetze ... aus der Zeit der Fremdherrschaft, hg. v A. v Daniels, 8 Bde., Köln 1833–41

Gemeindestatistik des Landes Nordrhein-Westfalen, Düsseldorf 1952 (= Zahlen 1950, 1949/50, Einwohner-Zahlen 1939 u. 1946)

Gemeindestatistik Rheinland-Pfalz. Arbeitsstättenzählung 1987, Bad Ems 1989

Gemeindestatistik v Rheinland-Pfalz 1970, Teil 2: Bevölkerung u. Erwerbstätigkeit 1970, Bad Ems 1973

Gemeindestatistik Rheinland-Pfalz. Gebäude- u. Wohnungszählung 1987, Bad Ems 1989

Gemeindestatistik Rheinland-Pfalz. Volks- u. Berufszählung 1987, Bad Ems 1989

Amtliches Gemeindeverzeichnis v Rheinland-Pfalz, Bad Ems 1962

Handbuch des Bistums Aachen, 3. Ausgabe, Aachen 1994

Handbuch des Bistums Essen, 2. Ausgabe, Essen 1974

Handbuch des Erzbistums Köln, 26. Ausgabe, 2. Bde., Köln 1966

Handbuch des Bistums Trier, 22. Ausgabe, Trier 1991

KRUG/MÜTZELL = Neues topographisch-statistisch-geographisches Wörterbuch des Preußischen Staates, hg. v Leopold Krug/Alexander August Mützell, Bd. 5 u. 6, Halle 1823–25

MÜLMANN = Statistik des Regierungs-Bezirkes Düsseldorf, hg. v Otto v Mülmann, 2 Bde., Iserlohn 1864–67

Der Regierungs-Bezirk Coblenz 1817

RESTORFF = Friedrich v RESTORFF: Topographisch-Statistische Beschreibung der Königlich Preußischen Rheinprovinzen, Berlin/Stettin 1830

Tabellen u. amtliche Nachrichten über den Preußischen Staat für das Jahr 1849 (Gewerbe-Tabellen für 1849 u. 1852), Berlin 1854

Topographisch-statistische Uebersicht des Regierungs-Bezirkes Aachen 1820

Topographisch-statistische Uebersicht des Regierungs-Bezirks Coblenz, Koblenz 1843

Uebersicht der Bestandtheile u. Verzeichniß saemmtlicher Ortschaften u. einzeln liegenden benannten Grundstuecke des Regierungs-Bezirks Cöln [1843]

Übersicht der Gebiets-Eintheilung des Regierungs-Bezirks Köln 1817

Amtliches Verzeichnis der Gemeinden u. Wohnplätze (Ortschaften) in Nordrhein-Westfalen, Düsseldorf 1962

Amtliches Verzeichnis der Gemeinden u. Wohnplätze (Ortschaften) in Nordrhein-Westfalen 1970, Bevölkerung u. Erwerbstätigkeit, Düsseldorf 1973
VIEBAHN = Statistik u. Topographie des Regierungs-Bezirks Düsseldorf, hg. v Johann Georg v Viebahn, 2 Bde., Düsseldorf 1836.
Viehzahlen 1873 = Der Viehstand in den Gemeinden u. Gutsbezirken der Provinz Rheinland, Berlin 1873
Viehzahlen 1900 = Viehstands- u. Obstbaumlexikon vom Jahre 1900 für den preußischen Staat, H. 12, Berlin 1903
Viehzahlen 1912/13 = Gemeindelexikon über den Viehstand u. den Obstbau für den Preußischen Staat, H. 12, Berlin 1915

Zahlen 1871 = Die Gemeinden u. Gutsbezirke der Rheinprovinz u. ihre Bevölkerung, Berlin 1874
Zahlen 1885 = Gemeindelexikon für die Provinz Rheinland, Berlin 1888
Zahlen 1895 = Gemeindelexikon für die Provinz Rheinland, Berlin 1897
Zahlen 1905 = Gemeindelexikon für das Königreich Preußen, H. 12: Rheinprovinz, Berlin 1909
Zahlen 1925 = Gemeindelexikon für den Freistaat Preußen, Bd. 13: Rheinprovinz, Berlin 1930
Zahlen 1946, Ew-Zahlen 1939 = Gemeindeverzeichnis des Landes Nordrhein-Westfalen, Bonn 1947

Abkürzungen/Siglen

A	Anfang
AEKR	Archiv der Evangelischen Kirche im Rheinland
AHVN	Annalen des Historischen Vereins für den Niederrhein
Akt	Akte(n)
BAM	Bistumsarchiv Münster
Bd./Bde.	Band/Bände
BDA	Bischöfliches Diözesanarchiv Aachen
berg.	bergisch
bes.	besonders
Bf./Bfe.	Bischof/Bischöfe
Bgm.	Bürgermeister(ei)
BJb	Bonner Jahrbücher
Bl./Bll.	Blatt/Blätter
BMV	Beata Maria Virgo/Beatae Mariae Virginis
DJb	Düsseldorfer Jahrbuch
E	Ende
Eb./Ebe.	Erzbischof/Erzbischöfe
Ebtm.	Erzbistum
ehem.	ehemalig/ehemals
erstm.	erstmals
Erw./erw.	Erwähnung/erwähnt
Ev./ev.	Evangelische/evangelisch
Ew	Einwohner
F	Fälschung
Fa.	Firma
Frf./Frh.	Freifrau/-herr
FS	Festschrift
GAA	Gelders Archief Arnhem
GAR	Geschichtlicher Atlas der Rheinlande
gegr.	gegründet
Gem.	Gemeinde(n)
gen.	genannt
Gf./Gfn./Gff.	Graf/Gräfin/Grafen
Gft.	Grafschaft
Ghzt.	Großherzogtum
GiK	Geschichte in Köln. Zeitschrift für Stadt- und Regionalgeschichte
got.	gotisch
GStA PK	Geheimes Staatsarchiv Preußischer Kulturbesitz
GV NW	Gemeindeverzeichnis Nordrhein-Westfalen
H	Hälfte
H.	Heft
HAEK	Historisches Archiv des Erzbistums Köln
HAStK	Historisches Archiv der Stadt Köln
Hg./hg.	Herausgeber/herausgegeben
HJb	Heimatjahrbuch
HK	Heimatkalender
Hl./hl.	Heilige(r)/heilig
Hs/Hss	Haus, Häuser
Hs.	Handschrift(en)
Hz(n)(t).	Herzog(in)/Herzogtum
i.d.R.	in der Regel
i.H.	in Höhe
insb.	insbesondere
Jb	Jahrbuch
JB	Jülich-Berg [Bestand im LAV NRW R]
Jh.(e, n, s)	Jahrhundert(e, n, s)
Kath./kath.	Katholiken/katholisch
Kf(t).	Kurfürst(entum)
Kg(n).	König(in)
Kk	Kurköln [Bestand im LAV NRW R]
Kl./Kll.	Kloster/Klöster
KM	Kleve-Mark [Bestand im LAV NRW R]
Kop.	kopiale Überlieferung
Kr.	Kreis
Kr.A	Kreisarchiv
Ks.	Kaiser
Ksp.	Kirchspiel(e)
LA	Landratsamt
LAV NRW R	Landesarchiv NRW, Abteilung Rheinland
LAV NRW W	Landesarchiv NRW, Abteilung Westfalen
LHAK	Landeshauptarchiv Koblenz
L(l)uth.	Lutheraner, lutherisch
M	Mitte
m	Meter
Mg	Morgen [Flächenmaß]
Mitt. StaK	Mitteilungen aus dem Stadtarchiv Köln
Mkgf./Mkgft.	Markgraf/Markgrafschaft
N, nördl.	Norden, nördlich
O, östl.	Osten, östlich
p. a.	jährlich
Pfa	Pfarrarchiv
Pfgf.	Pfalzgraf
RA	Rijksarchief
Reform.	Reformierte(r)
rhein.	rheinisch
RhStA	Rheinischer Städteatlas
RhVjbl	Rheinische Vierteljahrsblätter
RI	Regesta Imperii
RKG	Reichskammergericht
rom.	romanisch
Rtl.	Reichstaler
RuH	Repertorium und Handschrift/Repertorien und Handschriften
S, südl.	Süden, südlich
Slg.	Sammlung
sog.	sogenannt
StA	Stadtarchiv
Str.	Straße(n)
Tlr.	Taler
UB	Urkundenbuch
Urk(k)/urkl.	Urkunde(n)/urkundlich
urspr.	ursprünglich
v	von
VB	Verwaltungsbericht(e)
vermutl.	vermutlich
W, westl.	Westen, westlich
wahrsch.	wahrscheinlich
WDZ	Westdeutsche Zeitschrift für Geschichte und Kunst
ZAGV	Zeitschrift des Aachener Geschichtsvereins
ZBGV	Zeitschrift des Bergischen Geschichtsvereins
zzgl.	zuzüglich

GRÄFRATH (Stadt Solingen)

I Siedlung

I, 1 Geographische Lage

G ist der nördlichste Stadtteil Solingens. Die Wupper bildet in weiten Teilen die Grenze zur Stadt Wuppertal. Die in G (in der Nähe des Hs Grünewald [→ Tafel 2.1–2; 5]) entspringende Itter verläuft im Westen an der Stadtgrenze zu Haan. Zudem gibt es weitere Bäche, u. a. der Nümmener, der Heiderbach u. der Bandesmühler Bach. Der Untergrund Solingens besteht im Wesentlichen aus gefalteten Ablagerungen (v. a. Ton-, Schluff-, Sand- u. Kalksteine) der Devon-Zeit. Die über 5 km mächtige Schichtenfolge wurde in der Karbon-Zeit gefaltet u. z. T. geschiefert. Von dem Faltengebirge hat die Abtragung nur einen Gebirgsrumpf mit flachwelliger Oberfläche übriggelassen. Dieser Rumpf wurde später schräg gestellt u. im Osten stark gehoben, so dass sich die Wupper dort tief einschneiden konnte. Als oberste Schicht trifft man auch in hochgelegenen Teilen Solingens weithin Löss an. Bedeutende Grundwasserleiter sind u. a. die Kalksteine im Norden. Die im größten Teil des Stadtgebiets vorherrschenden Ton- u. Sandsteine sind meist grundwasserarm; das Niederschlagswasser fließt dort überwiegend oberirdisch ab [www.gd.nrw.de/ggb3/gb122000.htm]. Die höchste Stelle v G u. der Stadt Solingen insgesamt liegt 276 m über NN; sie befindet sich beim ehem. Wasserturm (heute „Lichtturm") an der Lützowstr. im N G [→ Tafel 1.2; 3.2; 7.12].

I, 1 Verkehrsanbindung

I, 1 Straßen

Die Verbindung zu den Besitzungen des Stiftes G in Monheim am Rhein gewährleistete ein Weg, der über Nümmen, Ehrener Mühle, Fuhr, Wald, Engelsberg, Küllen, Rennpatt, Scheid, Ohligs, Piepers, Hackhausen, Knipprath dorthin führte u. bereits bestanden haben dürfte, als Gf. Adolf IV. v Limburg-Berg dem Stift G 1257 ein Zollprivileg erteilte [NrhUB II, Nr. 445; ROSENTHAL: Solingen I, S. 91; → III,2 Zoll]. Ein anderer überörtlicher Weg verlief v G über Ketzberg, Schlagbaum, Höhscheid, Opladen u. Mülheim über den Rhein nach Köln; in nördl. Richtung führte dieser Weg über Roßkamp Richtung Sonnborn u. Elberfeld [PIEPER, S. 69f.]. Insgesamt hemmten die unzureichenden Verkehrsanbindungen im Mittelalter u. in der Frühen Neuzeit die Siedlungsentwicklung. Seit A des 17. Jhs. mehrten sich die Klagen über den schlechten Zustand der Str.: 1602 wollte die Freiheit G zur Instandsetzung der infolge v Kalk- u. Kohlefuhren stark in Mitleidenschaft gezogenen Wege ein Wegegeld erheben [StaS: HA II-G-1]. M des 18. Jhs. wurde ein Teil der geplanten Kohlenchaussee ins Territorium der Abtei Werden fertiggestellt, der v G über Broßhaus u. Wald nach Landwehr führte; v dort aus bestand Anschluss an die Solinger Str. Richtung Hitdorf am Rhein [HAUER, S. 211]. A des 19. Jhs. änderte der Rheinweg in der G.er Umgebung seinen Verlauf: er führte nun nicht mehr über Nümmen, sondern erhielt über den nunmehr gepflasterten Abschnitt zwischen Wald u. Foche (Central) Anschluss an die zwischen G u. Solingen verlaufende Str. Bei Broßhaus bestand eine Verbindung zur Hildener Str., die über Hilden u. Benrath nach Düsseldorf führte [ROSENTHAL: Solingen III, S. 31; HAUER, S. 211; → Tafel 4]. 1811–16 wurde der bereits M des 18. Jhs. zwecks Vermeidung des teuren Imports märkischer Kohle geforderte Bau der Werdenschen Kohlenstr. als Chaussee v Essen, Werden, Velbert, Tönnesheide über Vohwinkel, Kluse, G, Wald, Central nach Solingen realisiert (heute B 224) [StaS: HA II-A-10, fol. 34; LAV NRW R: Ghzt. Berg 5643, 6958, fol. 17; 1816 als *Neue Kohlenchaussee* erw.; ebd.: RW Karten 1154; zum früheren Verlauf weiter östl. vgl. M. SCHMIDT: Heimatliche Str.bilder alter Zeit. In: Die Heimat, Nr. 9 (1927), S. 33f.; O. BAUERMANN: Die alte Kohlenstr. In: Die Heimat, Nr. 4 (1961), S. 16; → Tafel 1.1]

1305 *via que ducit Elvervelde* [UB G 57] = vielleicht identisch mit ‹1522–24› *Die lantstraisse, die van Elvervelde kompt ind geyt na Hain over die hoe boeven Greifraede* [MILZ, S. 142] u. mit dem 1796 gen. *Weg nach Sonnborn und Elberfeld* [→ Tafel 5.1.]

1516 *Greueroider straisse alss man van Soelingen zo G geyt* [ebd.: Altenberg, Urk. 917] = 1796: *Sohlinger Stras* [→ Tafel 5.1.]
1530 *Gruitener straiss* [ebd.: JB Hofrat B XXVI, Nr. 53, fol. 1]
1752 *Dusseldorfer Straß* [StaS: HA II-G-1]
1775 Im Gegensatz zu Solingen hat G v der Verlängerung der Chaussee bis zur Kohlfurther Brücke keine Vorteile [LAV NRW R: Hofrat II B XXVI 65].
1796 *Weg nach den MaysEichen* (Verbindung mit Haan u. Erkrath) und *Düsseldorff* [→ Tafel 5.1]; zum Ausbau vgl. H. WEBER: G wollte nicht abseits des Verkehrs liegen. In: Die Heimat, Nr. 7 (1970), S. 25–27]
1934 Bau der Ortsumgehung Wuppertaler Str. [K. HARTWIG: Die Umgehungsstr. In: Heimatspiegel, Nr. 4 (1960), S. 4f.; PETERS: G, S. 61–65]
1972 Mit der Aufstufung der bereits 1956 fertiggestellten Bundesstr. 326 zur A 46 erhält G einen Autobahnanschluss (AS Haan-Ost) u. damit auch eine Verbindung zur A 1 u. A 3. Die A der 1990er-Jahre fertiggestellte Str. Roggenkamp (L 357) stellt eine schnelle Verbindung G.s zur A 46 her [→ Tafel 1.2].

I, 1 Eisenbahn und sonstige Verkehrsmittel

1841 Die Düsseldorf-Elberfelder Eisenbahn-Gesellschaft eröffnet den Bahnhof Vohwinkel, v wo aus Kutschen nach G fahren, heute Busverkehr. Fuhrleute stellen seit 1845 auch die Verbindung zum 15 km entfernten Bahnhof Langenfeld der Köln-Mindener Eisenbahn-Gesellschaft her [The Great Oculist, or all about Graefrath, London ‹1859›, S. 7f.; ROSENTHAL: Solingen II, S. 292]. Ab 1847 besteht in Vohwinkel auch Anschluss an die Strecke der Prinz-Wilhelm-Eisenbahn-Gesellschaft ins Ruhrgebiet.
1867/68 Als die Berg.-Märkische Eisenbahn-Gesellschaft die Bahnstrecke Köln (Mülheim)–Gruiten mit dem Bahnhof in Wald-Ohligs (ab 1890 Ohligs, ab 1929 Solingen-Ohligs, ab 2006 Solingen Hbf) mit einer Stichbahn zum Bahnhof Weyersberg eröffnet, gerät G ins Abseits [ROSENTHAL: Solingen III, S. 65, 113].
1887 Die Preußischen Staatsbahnen geben als ersten Abschnitt der Verbindung zwischen Vohwinkel u. Solingen die Strecke v Vohwinkel über G, wo gleichzeitig der Bahnhof [→ Tafel 6.2; 7.4] eröffnet, nach Wald für den Personenverkehr frei, die wegen ihrer kurvigen Trassenführung „Korkenzieherbahn" gen. wird; 1890: Weiterführung bis Solingen; wichtige Güterverkehrsstrecke; 1942: Einstellung des Personenverkehrs; 1958: Einstellung des Güterverkehrs auf der Strecke G-Wald; 1989: Einstellung des Güterverkehrs auf der Strecke G-Vohwinkel; 1996: Einstellung des Güterverkehrs auf der gesamten Strecke; 2011: Abriss des Bahnhofs G [K. KAISS/M. ZIMMERMANN: Die Korkenzieherbahn. Auf Nebengleisen v Solingen nach Vohwinkel, Leichlingen 1998; B. F. HOFFMANN: Stillgelegte Bahnstrecken im Berg. Land, Erfurt 2013, S. 83–88; K. KAISS: Der Bahnhof G. In: Heimatspiegel, Nr. 1 (2012), S. 33–35; A. SASSEN: Der ehem. Korkenzieherbahnhof in Solingen-G, Solingen 2008; → Tafel 3.1]. 2006 wird die Trasse der „Korkenzieherbahn" im Rahmen der „Regionale" zum Radwanderweg umgebaut.
1896 Nachdem G, Wald, Vohwinkel, Ohligs u. Solingen mit der Berliner Union-Elektrizitäts-Gesellschaft den Kreisbahnvertrag unterzeichnet haben, erfolgt 1898 die Eröffnung der Kreisbahnstrecke Wald-Central-Solingen u. Solingen-Ohligs; ab 1898/99 fahren Str.bahnen, ein deutlicher Fortschritt gegenüber der langsamen u. teuren „Korkenzieherbahn". Ab 1935 umfährt die Str.bahn die Ortsmitte von G. auf einer neuen Umgehungsstr. [J. LEHMANN: Obus in Solingen, Solingen 2012, S. 9; ROSENTHAL: Solingen III, S. 67; W. SCHRICK: Der G.er Markt vor der Jh.wende. In: Die Heimat, Nr. 7 (1961), S. 25]
1952 Einführung der Oberleitungs-Busse in Solingen [R. ROGGE:
Juni Mit O-Bus u. Seilbahn zur Burg der Burgen. In: M. Kamp u. a. (Hg.): Berg. Wege. Bewegung im Berg. Land, Rösrath 2016, S. 214].

1958 Die letzte Fahrt der Str.bahn auf der Linie von Solingen über G nach Vohwinkel erfolgt am 28.9.1958. Anschließend Omnibus-Verkehr [vgl. Ralf Rogge: Die Geschichte der Str.bahnen in Solingen (Teil 2: 1899 bis 1959). In: Die Heimat 39 (2023/24), S. 4–65].

I, 1 Post, Telegraf, Telefon

1733 Die Solinger Posthalterin Witwe Kirchhof erhält 26 Albus, um die Post zwischen G u. Solingen zu transportieren; in gleicher Funktion ist 1735 Johann Hammerschmidt belegt [StaS: HA II-C-2].

1805 Postverkehr nach Elberfeld: v G kommt der Postbote täglich morgens um 9 Uhr ins Wirtshaus Lehmbach am Markt, das wohl als Poststelle diente, u. geht um 3 Uhr nach G zurück [Die Heimat, Nr. 14 (1929), S. 62].

1807 Hs Nr. 163 wird als *Am Posthaus* bezeichnet [StaS: HA II-B-11, fol. 142].

1808 Im Budget der Freiheit G sind Ausgaben für einen Postboten erw. [LAV NRW R: Ghzt. Berg 4571].

1829 Die Schnellpost v Solingen nach Elberfeld, die bislang über Wald fuhr, geht nun über G u. hält vor dem Hotel „Zur Post" (früher „Jägerhof"), dessen Besitzer Johann Wilhelm Ernen auch die 1824 eingerichtete Briefsammelstelle betreibt [W. Schrick: Die Post in G. In: Heimatspiegel, Nr. 1 (1966), S. 21f.; Rosenthal: Solingen II, S. 298].

1833 Umwandlung der der Solinger Hauptpost unterstellten Briefsammelstelle in eine Postexpedition [O. Bauermann: Aus der Geschichte des G.er Postamtes. In: Heimatspiegel, Nr. 1 (1963), S. 4].

1835 Postkutschen v Solingen über Elberfeld u. weiter nehmen ihren Weg nicht mehr über Cronenberg, sondern über G. Auch die Überlandlinie Berlin–Kassel–Elberfeld–Solingen–Köln wird seit 1844 über G geführt, das damit v insgesamt 27 Personenposten berührt wird, eine Folge der Tätigkeit des berühmten Augenarztes Dr. Friedrich Hermann de Leuw (1792–1861), die zum Aufschwung G.s als Kurort führt [R. Tewes: Der Preußische Augenarzt Friedrich Hermann de Leuw u. seine Praxis in G, Wuppertal 1985, S. 35; Rosenthal: Solingen II, S. 302; IV 6].

1864 Bei der Postanstalt G soll eine Telegrafen-Station eingerichtet werden [StaS: G 1779].

1889 Posthilfsstelle mit Telegrafen-Station im Stadtteil Flachsberg [ebd.; → Tafel 4]

1897 Einrichtung eines neuen Postamts III. Klasse in Foche mit Telegrafenstation u. Unfallmeldedienst, dem folgende Gebiete zugeteilt sind: als Ortsbestellbezirk Foche, Heide, Central u. Scheideririen als Landbestellbezirk Busch, Eckstumpf, Flachsberg, Rathland, Ringelshäuschen u. Vogelsang (in Wald) [VB 1896/97 u. 1897/98, S. 7; → Tafel 4].

1899 Eröffnung der Geschäftsstelle des kaiserlichen Postamts in G an der Ecke Walder Str./In der Freiheit; 1901 Postamt II. Klasse, gleichzeitige Aufnahme des Fernsprechdienstes mit 3 Anschlüssen; 1924 Herabstufung zum Postamt III. Klasse; in den 1960er-Jahren Verlust der Selbstständigkeit des Postamtes [O. Bauermann: Aus der Geschichte des G.er Postamtes. In: Heimatspiegel, Nr. 1 (1963), S. 4; W. Schrick: Die Post in G. In: Heimatspiegel, Nr. 1 (1966), S. 21–23].

I, 2 Bodenfunde in der Gemarkung

In der Nähe des Wasserturms (heute „Lichtturm") wurde eine heute abgetragene, undatierte Wallanlage sichtbar [J. Günther: Spuren der Vergangenheit u. Frühgeschichte im Solinger Gebiet. In: Die Heimat, Nr. 14 (1933), S. 54f.; → Tafel 1.2]. – In den 1930er-Jahren fand man bei Hs Grünewald einen Krug aus der römischen Kaiserzeit; es handelt sich um einen heute verloren gegangenen Einzelfund [Rosenthal: Solingen I, S. 16; LVR-Amt für Bodendenkmalpflege, Bonn, Ortsarchiv].

I, 3 Erste Erwähung und folgende Namenbelege bis 1200, danach nur abweichende Formen

1135 *Greuerode* [NrhUB I, Nr. 321]
1187 *Greuerode, Greverode* [ebd. I 503; UB G 2]
1189 *Greverode* [ebd. 3; REK II 1340]
‹1191–92/93› *Greverodhe* [UB G 4]
‹1191–um 1218› *Greverode* [ebd. 17]
1193 *Greuerode* [NrhUB I, Nr. 537]
E 12. Jh. *G[re]verode* [UB G 7]
1200 *Greverode* [ebd. 8]
1202 *Greverod* [ebd. 10]

‹1221–25› *Greverohde* [ebd. 21]
1229 *Greverodh* [ebd. 23]
1259 *Grieuerode* [Kop. 1272; UB G 36]
1266 *Greverade* [Kurzregest (1668); ebd. 46]
1292 *Greffrath* [ebd. 57]
1305 *Greveroide* [ebd. 62]
1312 *Grewerode* [ebd. 67]
1313 *Greveroyde* [ebd., S. 408]
‹vor 1364› *Greveroede* [gleichzeitig Kop.; ebd. 159]
1400 *Grevenrod* [Insert in Notariatsurk. (1411); ebd. 163]
1401 *Grevenrayde* [LAV NRW R: JB RuH 20, fol. 79v]
1402 *Greveraide* [Höroldt/Roden V 281]
1409–44 *Greiffroede* [Entwurf, UB G 172]
1416 *Greyffrayde* [UB Siegburg II 192]
1424 *Greueroide* [Urbare Werden II, S. 357]
1426 *Greroyd* [ebd., S. 167, Ortsname später in Urk. eingefügt]
1438 *Greyfrode* [ebd., S. 387]
1443/44 *Greveroed* [Höroldt/Roden III 143]
1447 *Grefroed* [LAV NRW R: JB, Urk. 861]
1451 *Greeffroide, Greuenroide* [UB G 256]
1459 *Greveraith* [Höroldt/Roden III 166]
1480 *Greffrode* [ebd. 180]; *Grewrait, Greffroide* [Lohmann, S. 75f.]
1487 *Greveraed* [Höroldt/Roden III 187]
1488 *Greverotde* [Hoogeweg, S. 86]
1492 *Greffroede, Greiffraide* [Kop.; UB G 304]
1492–1509 *Greveradt, Grefradt, Greefradt* [UB Altenberg II 293/VIII, S. 293]
1496 *Greveroid* [ebd. 318]
1499–1502 *Greyfroidt* [LAV NRW R: Verein für Geschichte u. Altertumskunde Westfalens, Abt. Münster (Dep.), Urk. 849]; *Greveroit* [Höroldt/Roden IV 257]
1500 *Greffraide* [UB Hammerstein 924]
1503 *Greverat* [Milz, S. 142]
1507 *Grieffroide, Grieffroede, Grieffrode* [Kop, UB G 336]
1519 *Graverat, Graderat* [StaS: Urk. 7]
‹1522–24› *Greifraete* [LAV NRW R: Stift Münstereifel, Urk. 156]
1523 *Greifraidt* [Redlich: Kirchenpolitik II 2, S. 233]
1528 *Greiffraede* [Kop. um 1700, UB G 367]
1529 *Greiffraidt* [Milz, S. 177]
1545 *Graweradt, Greveraeth* [Redlich: Kirchenpolitik II 2, S. 74, 233]
1550 *Greveraid, Greverodt* [ebd., S. 75, 211]
1566 *Greverodt, Greveroidt* [J. Kloft (Bearb.): Inventar des Urkk. archivs der Fürsten v Hatzfeldt-Wildenburg zu Schönstein/Sieg, Bd. III, Köln 1980, S. 457]
1572 *Grebenraidt* [Redlich: Kirchenpolitik II 2, S. 410]
1575 *Greefrodt* [Urbare Werden II, S. 788]
1589/90 *Greveraidt* [Simons: Synodalbuch, S. 688f.; 693]
1591 *Gräfrad, Gräfraht, Grefrath* [ebd., S. 694, 697]
1592 *Gräffraht, Greffraht* [UB Hammerstein 1115]
1593 *Greffradt* [Simons: Synodalbuch, S. 783]
1601 *Greverad* [G. v Below: Zur Geschichte der Städte in Jülich u. Berg. In: ZBGV 23 (1887), S. 201]
1617 *Griefrat* [StaS: Urk. 9]
1623 *Greveraet* [UB G, S. 409, 411]
1661 *Grieveradt, Grieffradt* [Rosenkranz: Sitzungsberichte I, S. 70]
1663 *Greefrad* [Binterim/Mooren: Erzdiözese II, S. 265]
1676 *Greffrad* [ohne Beleg, Benner/Bremes, S. 22]
1686 *Gräffraht* [Rosenkranz: Sitzungsberichte II, S. 76]
1688 *Graeferaht* [ebd., S. 99]
1696 *Gräfrath, Gräffrath* [ebd.]
1717 *Grefrat* [ohne Beleg, Benner/Bremes, S. 22]; *Greffrath* [Torsy: Weihehandlungen, S. 215]
1718 *Greffraedt* [ebd.]
1728 *Griffraedt* [ebd.]
1746 *Greeffrath* [StaK: U 2/1491]

I, 3 Adjektivisch

1516 *Greueroder* [LAV NRW R: Altenberg, Urk. 917]
1614 *Grieffrader* [ohne Beleg, Pieper, S. 23]
1653 *Grefradische* [Rosenkranz: Sitzungsberichte I, S. 46]
1666 *Graefradens* [ebd., S. 76]
1670/71 *Greffrathensis* [LAV NRW R: JB II 368I]
1682 *Grefradensis* [Rosenkranz: Sitzungsberichte II, S. 39]
1737 *Greffrater* [LAV NRW R: G Akt 27, fol. 17]

I, 4 Bezeichnung der Siedlung

1135 *uilla* [NrhUB I, Nr. 321]
1185 *capella, locus* [ebd., Nr. 497; UB G 1]

1187	*allodium* (des Stiftes Vilich), *cenobium, conv[u]entus, locus* [NrhUB I, Nr. 503; UB G 2]
1189	*predium* (v Vilich), *villa* [U BG 3; REK II 1340]
1234	*monasterium* [UB G 26]
1298	*villa* [Kop. (1. Viertel 17. Jh.); ebd. 52]
1356	*geystlighes ghestichte* [ebd. 118]
1384	*Dorff* [Kurzregest (1668); ebd. 144]
1402	*vryheit* [LAV NRW R: JB RuH 20, fol. 79v]; 1483 [LAV NRW R: G, Urk. 106]
1416	*vryheid* [UB Hammerstein 682]
1432	*dorpe* [UB G 213]
1555	*stat* [Harless, S. 167, 168]
1797	*Bürgerschaft* [LAV NRW R: Berg. Gerichte XVI Amt Solingen 4 II, fol. 85v]
1830	*Flecken* [Restorff, S. 409]

I, 5 Bezeichnung der Siedlungsbewohner

1185	*habitantes* [UB G 1; NrhUB I, Nr. 497]
1187	*familia loci* [NrhUB I, Nr. 503]
1402	*burgere* [LAV NRW R: JB RuH 20, fol. 79v]
1432	*burger gemenliche* [UB G 213]
1478	*Burger ind Ingesessen* [StaS: Urk. 1]
1492	*burger* [Hoogeweg, S. 86]

I, 7 Ortsteile, Gebietsveränderungen, Eingemeindungen

1817	Zur Bgm. G gehören der Ort G sowie die Wohnstätten Bandesmühle, Dyck, Freudenberg, Grünewald, Heiderhof, Kluse, Locken, Steinenhaus, Tummelhaus, Ziegelfeld, Aue, Altenfeld, Busch, Kronenfeld, Dahl, Ehren, Eckstump, Foche, Flachsberg, Flockertsholz, Heide, Oben u. Unten zum Holz, Külf, Oben u. Unten Ketzberg, Nümmen, Neuenhaus, Posthaus, Ringelshaus, Rauenhaus, Rottland, Steinbach, Schieten, Stockdum, Schlagbaum [Beschreibung des Regierungsbezirks Düsseldorf, Düsseldorf 1817, S. 92f.; → Tafel 1.1–2; 2.1; 3.1; 4; 6.1–2].
1832	Die Bgm. G umfasst 1. den Ortsbezirk G (ehem. Freiheit mit auswärtiger Bürgerschaft) mit den Ackergütern Bandesmühle, Steinenhaus, Mühlenbusch, Ziegelfeld, Dyck, Tummelhaus, Heiderhof, Grünewald, Piepersberg u. den Wohnstätten Layken, Klusen, Freudenberg, Grund, Berger, 2. die ehem. Walder Honnschaft Berg (oder G) mit den Wohnstätten Ehren, Nümmen, Dahl, Flachsberg, Foche, Heide, Eckstump, Schieten, Centralpunkt, Schieten, Steinsiepen, Steinbeck, Flockertsholz, Oben u. Unten zum Holz, Neuenhaus, Paashaus, Rauenhaus, Ringelshäusgen, Ketzberg, Schafenhaus, Aue, Altenfeld, Külf, Rathland, Busch, Stockdum, Schlagbaum, Neuenkulle, (Schleifkotten) am Wupperflusse [Viebahn II, S. 47f.; → Tafel 1.1–2; 2.1–2; 3.1; 4].
1860	Im Rahmen einer Grenzregulierung tritt Wald an G die Hofschaft In der Heide ab, während die Hofschaft Eschbach aus G ausgemeindet wird [LAV NRW R: LA Solingen 33; → Tafel 4].
1929	Vereinigung der 5 Städte G, Solingen, Höhscheid, Ohligs u. Wald zur Stadt Groß-Solingen [E. Becker: Die Eingemeindungsfrage im Kr. Solingen, Diss. Köln 1930, S. 11–29, 77; insb. zur Frage der Neuordnungsinitiativen vor 1929 vgl. R. Rogge: Groß-Solingen – die Städtevereinigung 1929: Vorgeschichte, Verlauf, Wirkung. In: Die Heimat, N. F., H. 20 (2004/05), S. 4–23; StaS: G 682–685]
Heute	ist G der bevölkerungsmäßig kleinste u. nördlichste der 5 Solinger Stadtbezirke.

I, 8 Gemarkungsgröße

1792	Freiheit u. Honnschaft G umfassen 1108 ha [Fabricius: Atlas, S. 321].
1834	= 1.106,25 ha; 1885 = 1.108 ha; 1895 = 1.108,1 ha; 1905 = 1.108,7 ha

I, 9 Flurnamen

1330	*apud Clusam* [Transumpt in Notariatsurk. 1333, UB G 86]
1354	Hof *zum Holtze* (Flockertsholz) [ebd. 115]
1428	*Wentsyffen, Stynkell* [ebd. 206]
1492	*echtervelt, groite kampt, luppendeill, cleyn kampt, moelen buysch, boeken kamp, echterhoe, worderhoe, virlynx bant, ytterbroich, holter bech, boekenauwer buysch, up der hoe, up den wyntsyffen, overste kamp, Boilkensbuysch, hoerkamp, bergher kamp, steynskamp, by den scheten, yn der heyden, bovenbusken, berchhuysser kamp* [Hoogeweg, S. 86–89]
1530	*erdekamp* [LAV NRW R: JB Hofrat B XXVI, Nr. 53, fol. 1]
1541	*up der beeck* [UB G 388]
1548	*Kemerlyncks Kempgen, Roggenkamp* [Kop.; ebd. 400; → Tafel 1.1]
‹1561›	*Maurenkamp* [Kop.; ebd. 400, Anm. 1]
1807	Das Grundaufnahmeprotokoll für G nennt folgende Flurnamen: *Aufderhöh, Plusenkuhl, Mühlenbusch, Kellerteich, Keusenbüschgen, Vorderste Höh, Boltgens Banden, Windsiepen, Klosterbanden, Küllenberg, Klüsgen, Mühlenbach, in der Hütten, aufm Graben, Bicksbusch, Mühlenbanden, am Quall, Qualler Banden, aufm Berges, der große Banden, Örtgen Busch, Meisfeld, Mohrenkamp, Ziegelfeld nahe Heiderhofs Busch* [StaS: HA II-B-11; → Tafel 1.1–2; 2.1].

II Topographie

II, 2 Siedlungsentwicklung, Befestigung

Im Gebiet der späteren Freiheit G sind keine aussagekräftigen vor- u. frühgeschichtlichen Siedlungsspuren dokumentiert [→ I,2]. G wurde 1135 erstm. erw., als der Kölner Eb. Bruno II. den v ihm in der Kölner Stiftskirche St. Ursula geweihten Altar mit 20 Schillingen dotierte, v denen 12 aus dem Zehnten aufzubringen waren, der in der *uilla Greverode quę est in parrochia Walde* erhoben wurde. Diesen Zehnt besaß früher Rudolfus, der verstorbene Ministeriale des Ursulastifts, als Benefizium [NrhUB I, Nr. 321; → I,3, I,4, IV,1]. Gemeinhin wird *uilla* in diesem Zusammenhang als Hofanlage oder Ansammlung v Höfen gedeutet, nicht als Dorf. Die Frage, wer der erste Territorial- bzw. Grundherr gewesen sei, lässt sich nicht eindeutig beantworten. Eb. Bruno II. entstammte zwar dem berg. Herrscherhaus; in einer Angelegenheit, in der berg. Interessen involviert waren, wäre allerdings vermutl. der damals regierende Gf. Adolf III. gen. worden. Die Beziehungen v G zu Berg beginnen erst mit dem Kölner Eb. Engelbert I., der zumindest einmal als berg. Landesherr in die Geschicke des Stiftes eingriff [1218 = REK III 532; 1221 = UB G 20; → III,9]. Gegen die Annahme, die Pfalzgff. hätten in G einen Gutshof erbaut, spricht das völlige Fehlen v Belegen für die Datierung einer wie auch immer gestalteten Ortschaft in die Zeit bis um 1150 [Simon, S. 32; → III,9]. Das gilt gleichermaßen für die Vermutung, mit Hinweis auf den Ministerialen des Ursulastifts sei urspr. das Stift Gerresheim im Besitz eines vielleicht zu Sonnborn (ca. 870 erw.) gehörenden Hofes in G gewesen. Im Zuge der Ungarneinfälle im 10. Jh., als der Gerresheimer Konvent im Kölner Ursulastift Zuflucht gefunden hatte, seien dann die Besitztitel vermengt worden, was wiederum eine sehr frühe Besiedlung der G.er Gegend bedeuten würde [→ III,1 Grundherrschaft].

50 Jahre nach der Ersterw. v G, 1185, waren der dort existierende Gutshof u. eine in der Nähe liegende Kapelle im Besitz des Stiftes Vilich. Da sich in der Kapelle vermutl. Marienwunder ereignet hatten, beabsichtigte die Äbtissin Elisabeth v Vilich, in G auf Dauer ein *sacrum collegium* zu gründen [→ IV, 5]. Man kann davon ausgehen, dass noch vor der Gründung des Stiftes 1187 die Siedlung G existierte.

Zu Füßen des sog. Kl.hügels mit Kirche, Klausur, Friedhof, „Kl.hof" u. diversen Wirtschaftsgebäuden entwickelte sich in einer Talmulde am Zusammenfluss zweier Quellbäche der Itter das Dorf G, 1189 als *villa* bezeichnet [ebd. 3; → Tafel 1.1]. Größter Grundherr in G u. Umgebung war bald das G.er Stift, v dem wohl auch Impulse für das Wachstum der Siedlung ausgingen (Bautätigkeit, Wallfahrten zumindest seit A 14. Jh.) [→ III,1 Grundherrschaft; V,5]. Dorf u. Stiftsimmunität waren allerdings räumlich getrennt. Die erstm. 1442 erw. sog. Kl.treppe führte noch nicht ins Ortszentrum. Eine öffentliche Str., die zum Stift führte, wird 1816/17 erw. [→ II,5 Str.] Der Durchbau der Gerberstr. bis zum Markt erfolgte erst 1930 [Peters: Spaziergänge, S. 41; Peters: G, S. 10, 28f.].

1257 erwarb der Geistliche Gerlach 3 Hss im Dorf G, die später in den Besitz des Konvents übergingen [UB G 33]. 1292 sollen in G 36 Hss u. Kotten vorhanden gewesen sein, die vermutl. vom Stift abhängig waren. Sehr viel mehr Gebäude wird es in dem Dorf nicht gegeben haben, denn die Ew.schaft wird für das E des 13. Jhs. auf 150–200 Personen geschätzt [→ V,1]. 1298 wird eine Weinschänke *(taberna vini)* erw. [→ III,3]. Bei einer Auflistung der umfangreichen Schenkungen u. Gütererwerbungen, die Propst Winrich 1305 für das Stift realisierte, wird auch das „Steinhaus" *(domus lapideus)* erw., das unterhalb der Immunitätsmauer lag, später als Gasthaus u. Standort der kath. Schule diente u. in den 1930er-Jahren abgerissen wurde [→ IV,11; V,4]. Das „Steinhaus" scheint eines der wenigen in Bruchstein errichteten Bauten gewesen zu sein. Auch der rückwärtige Teil des Hauses Markt 4 war ebenfalls ein steinerner Bau, der eine Fluchtburg für die Bevölkerung vermutet wird [Peters: Spaziergänge, S. 38]. Manche Hss in G hatten gemauerte Keller, so das 1419 gen. Gut *upme Kelre* [UB G 184], ansonsten wird der Lehmfachwerkbau vorherrschend gewesen sein. W. Eyl schlug die Einteilung des Ortes in 5 Bezirke vor, denen sog. „Ursiedlerstellen" zugrundeliegen würden (Bereiche Heidergrund, am Steines, nordwestl. Marktplatz, Gasthof „Zur Post", untere Pforte) [W. Eyl: Zur Frühgeschichte der Freiheit G. In: Die Heimat, Nr. 3 (1938), S. 9; Rosenthal: Solingen I, S. 129; → Tafel 1.1].

Die Bebauung gruppierte sich locker um den Marktplatz herum u. in die Hauptstr. hinein. Da 1358 mehrere Jahrmärkte in G abgehalten wurden, wird damals schon seit längerer Zeit ein Marktplatz existiert haben [→ Tafel 1.1; 7.5; II,5 Plätze; III,2 Markt]. Sehr planmäßig wird die Bebauung nicht entstanden sein. Allerdings achtete man schon früh auf Fluchtlinien. Ausnahmen wurden dokumentiert: 1535 gestatteten die Schöffen Bgm. u. die ganze Gem. im Beisein einem Bauherrn, seinen Neubau gegen eine Abgabe vorne 2 Fuß tief in die Str. zu setzen [Kop. 16. Jh.; UB G 378]; diese Str. war vermutl. die Hauptstr. des Ortes, die 1516 erw. *Greueroder straisse alss man von Solingen zo G geyt*, die spätere Solingen-Elberfelder Staatstr. bzw. (teilweise) der heutige Str.zug In der Freiheit [→ II,5 Str.; Tafel 1.1–2]. Eine Gliederung des Ortes durch Str. ist bis in die Frühe Neuzeit nicht feststellbar. Die wenigen überörtlichen Str., die G berührten, waren im Mittelalter bis in die Frühe Neuzeit in einem sehr schlechten Zustand: der Rheinweg, der zu den Besitzungen des Stiftes G in Monheim am Rhein u. Umgebung führte, bestand vermutl. bereits in der 1. H des 13. Jhs. [→ I,1; III,2 Zoll]. Der 1417 erstm. erw. Walder Weg ist sicher älter, weil die G.er bereits im 12. Jh. zu ihrer in Wald gelegenen Pfarrkirche gelangen mussten [→ I,1].

In Folge des 1402 erlassenen Freiheitsprivilegs Hz. Wilhelms I. v Jülich-Berg hat sich das Erscheinungsbild des Ortes verändert: neben den Bestimmungen über die Steuerbefreiung u. die 3 Jahrmärkte wurden der Freiheit u. den Bürgern alle Rechte gewährt, die auch der Freiheit u. den Bürgern v Solingen zugestanden worden waren, wozu neben der Selbstverwaltung auch das Recht gehörte, den Ort zu befestigen [→ III,3]. Noch in der 1. H des 15. Jhs. wird die G.er Befestigung als Wall-Graben-Konstruktion mit vermutl. 2 Toren realisiert worden sein. Die Befestigung verlief im Bereich der heutigen Str.züge Täppken, Am Graben u. Am Wall [→ Tafel 1.2]. Der Anschluss an die Immunitätsmauer des Stiftes ist heute nicht mehr nachvollziehbar [*des cloisters muyren* 1530 erw.; Kop, UB G 369; eingezeichnet in die Pläne v 1805 u. 1806 [→ Tafel 5.2 u. LAV NRW R: Ghzt. Berg 4965; J. Günther: Hof, Dorf u. Freiheit G. In: Die Heimat, Nr. 24 (1933), S. 93f.]. 1807 wird im Grundaufnahmeprotokoll ein „Kl.graben" u. „Landgraben" gen. [StaS: HA II-B-11, fol. 17]. Der Wall wurde als Bürgerwall [1707 = LAV NRW R: JB IV 297, fol. 4v], der Graben als Bürgergraben [1781 = StaS: HA II-B-9, fol. 50] oder Freiheitsgraben [1807 = ebd. HA II-B-11, fol. 7] bezeichnet. Der Graben führte wohl wegen des Gefälles nur selten Wasser. Die *overste portze* wird 1492 im G.er Schatzbuch erw. [→ III,3], was impliziert, dass es noch ein weiteres Tor gegeben hat. Das obere Tor ist an der Einmündung des Täppkens in die heutige Wuppertaler Str. in der Nähe des 1823 aufgelassenen ev. Friedhofs (Kirchhofswall) zu verorten [→II,2]; seine Lage ist in der Buschmann-Karte v 1796 zu erkennen [→ Tafel 5.1]. Das untere Tor wird im Bereich der heutigen Str. In der Freiheit, Walder Str./Am Wall vermutet [→ Tafel 1.2]. Die Quellenbelege lassen eine deutliche Differenzierung in oberste u. unterste Pforte zu: *vreyheyt portze* [1531 = →II,3], *pforte* [1707 = LAV NRW R: JB IV 297, fol. 2], *unten vorm Thor an der Solinger Str., an der Porten oder Freyheits Thor, unten vor der Pforten* in der Nähe des *Pastors Garten* [Grundaufnahmeprotokoll 1807 = StaS: HA II-B-11, fol. 16, 30, 105]. Wie u. ob der 1541 erw. *moellender berffreden in dem orde up der beeck* u. der 1707 gen. *Erdkampter thorn* in der Befestigung zu verorten sind, lässt sich nicht klären [→ II,4; Tafel 1.1].

Außerhalb v Wall u. Graben lagen nur wenige Gebäude: 1483 der Beyers Hof [UB G 282], das 1492 erw. *hoiffgen vur der oversten portzen* [Hoogeweg, S. 89], 1531 ein Hs mit Scheune, das in einem Garten *vur der vryheit portzen* erbaut wurde [Kop. (1629); UB G 372], 1535 ein Baugrundstück für Peter zum Doer u. seine Ehefrau, auch *Colfartz fur der porten* gen. [Kop. (16. Jh.); ebd. 378] sowie der 1537 dokumentierte Steinhauser Hof im N der Freiheit [ebd. 380]. Die Bebauung insgesamt war bis zum E des 15. Jhs. moderat gewachsen. Laut Schatzbuch v 1492 waren 52 schatzpflichtige Hss vorhanden; nicht berücksichtigt sind die Ew, die in den zum Stift gehörenden Hss wohnten. Ob das im Schatzbuch erwähnte *gasthuys* ein öffentlicher Bau war, lässt sich nicht entscheiden; *loehuys* sowie das *backhuys* befanden sich wohl in Privatbesitz [→ IV,6; V,1].

Die mittelalterlich-frühneuzeitliche Bausubstanz, wie sie bis zum E des 17. Jhs. gewachsen war, wurde in den Brandkatastrophen v 1686 u. 1698 weitgehend zerstört. 1686 wurden 97 v 123 Hss sowie 43 Wirtschaftsgebäude u. große Teile der Stiftskirche Opfer der Flammen [→ II,2 Zerstörungen, Brände]. Nur wenige Hss aus dem 17. Jh. sind bis heute erhalten, das Gros der Gebäude im Ortskern wurde im 18. Jh. errichtet [→ Tafel 8.1–2]. Der Wiederaufbau ab E des 17. Jhs. erfolgte nur sehr allmählich, wobei auf die Einhaltung der Vorschriften der Landespolizeiordnung Wert gelegt wurde. Das Ortsbild präsentierte sich nun „geordneter", weil Fluchtlinien zumindest an der Hauptstr. strikter eingehalten wurden. Im Bereich der Hinterhss indessen blieb es häufig auch im Fall v Neubauten bei der ineinander geschachtelten Bauweise. Im Verlauf des 18. Jhs. entstanden neben der kleinteiligen Bebauung auch schon großzügiger bemessene „berg. Patrizierhäuser", die sich zur Str. hin durch traufenständige Ausrichtung u. die Hinzufügung v teilweise üppig verzierten Zwerchhäusern auszeichneten [Rosenthal: Solingen I, S. 300; → II,5 Freiheit, S. 26f.; H. Becker: Die bauliche Entwicklung der G.er Kl.- u. Stiftshügels, Wuppertal 1978, S. 9; Peters: Spaziergänge, S. 34f.]. 1688 entstand am Markt die heute noch den Ortskern prägende reform. Kirche [→ IV,9 Reformation, Ev. Gem.] [→ Tafel 1; 7.10]. Stiftskirche u. Konventgebäude auf dem Hügel wurden nach den Bränden v 1686 u. 1717 barockisiert wiederaufgebaut [→ IV,5 Baugeschichte der Stiftsgebäude; → Tafel 7.2–3]. 1708 waren in G wieder 105 Hss vorhanden; bis 1740 stieg die Bevölkerung auf 808 Personen in 172 Haushalten an [→ V,1 Ew- u. Hss.zahlen]. Trotz der Bautätigkeit

herrschte in der 1. H des 18. Jhs. ein Wohnungsmangel, der die Siedlungsentwicklung hemmte. Diese Situation führte zur Infragestellung der Wall-Graben-Befestigungsanlage.
1734 beantragten mehrere Bürger, dass ihnen ein freier Weg durch den bislang nicht zugänglichen Bürgergraben zugestanden werde, was der Magistrat, der aus Bgm., Schöffen u. Rat bestand, zunächst ablehnte. Damals waren bereits Teile des Bürgerwalls u. -grabens verpachtet. Um die Einnahmen der Freiheit zu erhöhen, erfolgte 1735 die Verpachtung der übrigen Grundstücke an die „anschließenden Erben". Für die Reinigung des „Gespinses" (Leinenverarbeitung) in den Befestigungsanlagen, die wegen der Brandgefahr nicht in den Hss der Freiheit stattfinden durfte, sollten andere Grundstücke gefunden werden. Den künftigen Pächtern wurde untersagt, die Wälle zu zerstören oder dort Schweine zu halten. Die Befestigung musste jederzeit reaktivierbar sein. Gegen die geplante Privatisierung v Bürgerwall u. -graben gab es Proteste in der Bürgerschaft, worauf der Magistrat mit der Einberufung einer Versammlung der Meistbeerbten antwortete. 1736 entschied man, dass Wall u. Graben unverpachtet gelassen werden sollten. Die Bleiche u. das Reinigen des „Gespinses" sollten weiterhin möglich sein. 1737 baten Angehörige des Messermacherhandwerks, die sich in G angesiedelt hatten, aber dort noch zur Miete wohnten, darum, ihnen im Befestigungsgelände Baugrundstücke zuzuweisen, was noch im gleichen Jahr genehmigt wurde. Ein 10 m breiter Geländestreifen rund um die Freiheit wurde eingeebnet, aber nicht lückenlos bebaut; insb. mussten Brandgassen angelegt werden, Gärten u. Grünflächen lockerten die Bebauung auf. Die Befestigung scheint nach u. nach beseitigt worden zu sein. Die Bezeichnungen Wall u. Graben sind nach 1737 weiterhin in den Quellen präsent. Die Tore werden noch A des 19. Jhs. erw. [StaS: HA II-E-2, fol. 400, 430, 493; Grundaufnahmeprotokoll (1807); ebd. II-B-11, fol. 2, 16, 30–31, 104f.; Der G.er Bürgerwall u. Graben. In: Die Heimat, Nr. 9 (1935), S. 33–35 u. Nr. 10 (1935), S. 38f.; ROSENTHAL: Solingen II, S. 125f.; PETERS: Spaziergänge, S. 44–59].
Bis zum E des 18. Jhs. waren v. a. der Markt [→ Tafel 1.1–2; 6; 7.11; 8] u. die den Ort durchquerende Solinger Str. bebaut, auch an der Str. v Düsseldorf nach Elberfeld standen einige Hss [LAV NRW R: RW Karten 1512]. Nach dem Grundaufnahmeprotokoll v 1807 lagen auf dem Graben, am Bürgerwall u. vor den Toren zahlreiche Hss [StaS: HA II-B-11; → Tafel 1.1].

Die Neuordnung der Verwaltung unter französischer Herrschaft E 18./A 19. Jh.), die auch die Preußen nicht wieder revidierten, brachte eine Vergrößerung der flächenmäßigen Ausdehnung u. der Bevölkerung. Zu G kamen insb. die früher zu Wald gehörenden Honnschaften G bzw. Berg (Ketzberg) mit den Ortschaften Ketzberg, Foche, Flachsberg, Schlagbaum, Central, Stockdum, Rauenhaus u. Külf [→ I,7; V,1; B. BATTENFELD: V der Mairie G zum Stadtteil v Solingen. In: Die Heimat, H. 18 (2002), S. 9; → Tafel 4].
Die insgesamt recht schlecht ausgebauten überregionalen Verkehrswege hemmten das Wachstum des Ortes. Eine Verbesserung brachte 1816 die Fertigstellung der neuen Kohlenstr. v Essen, Vohwinkel über Wald, Central nach Solingen [→ I,1 Str.]. Innerörtlich wurden infolge dieses Ausbaus der Marktplatz, die Solinger u. die Garnisonstr. gepflastert u. der ev. Friedhof, der sich als Verkehrshindernis erwies, verlegt [→ II,2 Friedhöfe]. Ein Rathaus besaß G nicht; die Verwaltungsräume waren im Obergeschoss der 1757 erbauten reform. Schule untergebracht [→ IV,11]. Die Siedlungsentwicklung machte in der 1. H des 19. Jhs. kaum Fortschritte. Immerhin entstanden einige repräsentative Wohn- u. Geschäftshäuser, so der „Hof v Holland" in der Wuppertaler Str., in dem der Augenarzt Friedrich August de Leuw zeitweise wohnte u. praktizierte [→ Tafel 7.5], u. das Wohnhs des Kaufmanns Carl Wilhelm Rütgers in der Garnisonstr. M des 19. Jhs. wurden zahlreiche Fachwerkhäuser in exponierter Lage verschiefert, während sonst noch das sichtbare Fachwerk überwog [PETERS: G, S. 69, 71].
Am 4.9.1856 wurde dem Ort, der seit 1824 bei den Wahlen der Abgeordneten zum Provinziallandtag der Rheinprovinz zum Stand der „Städte" gehörte, die Rhein. Städteordnung verliehen [→ III,3; BÄR: Behördenverfassung, S. 227].

Nach 1873 wuchs die Bevölkerung stärker: bis 1925 verdoppelte sich die Ew.schaft der Stadt G. [→ Tafel 8.1]. In den Jahren zwischen 1900 u. 1925 betrug der Zuwachs allerdings nur noch 34,8 % [E. BECKER: Die Eingemeindungsfrage im Kr. Solingen, Diss. Köln, Solingen 1930, S. 18f.]. An der beginnenden Industrialisierung hatte der G.er Stadtkern so gut wie keinen Anteil: Die Industrieansiedlungen erfolgten entlang der Ausfallstr. u.v.a. in den südl. Außenbezirken Flachsberg, Bergerbrühl, Foche u. Central, was schon früh Begehrlichkeiten seitens der Stadt Solingen weckte [→ V,4–5; Tafel 3.1]. Im letzten Viertel des 19. u. 1. Viertel des 20. Jhs. wurden wichtige Infrastrukturmaßnahmen verwirklicht. 1881 erhielt G erstm. ein eigenes Rathaus [→ II,5 Gebäude]. Seit der Inbetriebnahme der „Korkenzieherbahn" 1887 verursachte der Bahndamm allerdings auch eine Absperrung des Stadtgebietes nach W zum Ittertal hin sowie in Richtung Flachsberg [ROSENTHAL: Solingen III, S. 66].

Ab 1898/99 fuhren Str.bahnen [→ I,1 Eisenbahn u. sonstige Verkehrsmittel]. Die Versorgungseinrichtungen wurden auf- u. ausgebaut: 1882: Feuerwehr; 1891: Gasanstalt; 1892 bzw. 1905: Wasserversorgung; 1900: Müllabfuhr; 1901: Stromversorgung. Interessante Zeugnisse dieser Modernisierungsbemühungen sind der Wasserturm (heute „Lichtturm" an der Lützowstr. [→ Tafel 3.2; 7.12] v 1904 u. der Transformatorenturm v 1924/25 in der Garnisonstr. [→ II,2 Versorgungseinrichtungen]. Auch ein Ausbau der Bildungseinrichtungen war zu beobachten [→ IV,11 Ev. Volksschulen]. 1906/07 erfuhr der zentrale G.er Marktplatz eine Umgestaltung nach Plänen des Elberfelder Architekten Arno Eugen Fritsche: der untere, noch immer rampenähnliche Teil der zur kath. Pfarrkirche u. den früheren Stiftsgebäuden führenden Treppe wurde bis zum Marktplatz verlängert. 1909/10 erfolgten die Umgestaltung der sog. hohen Treppe u. die terrassenförmige Gestaltung des nördl. Teils des Marktplatzes [→ II,5 Str.]. Während sich der Zuschnitt des Stadtkerns kaum veränderte, kam es in den Außenbezirken zu vermehrter Bautätigkeit: in Central entstanden Arbeitersiedlungen u. ein kleines Geschäftszentrum (heute Wuppertaler u. Focher Str.). Der Ausbau eines Mittelpunktes mit eigenem Marktplatz an der Kreuzung Rhein-/Marktstr. konnte allerdings nicht realisiert werden [StaS: G 1694]; 1908 wurde das im Neuberg. Stil erbaute Rathaus an der späteren Wuppertaler Str. in Bahnhofsnähe zwischen dem alten Stadtkern u. den südl. Außenbezirken eingeweiht [→ II,5; → Tafel 6.1; 7.6], ein weiteres Bauwerk im Neuberg. Stil war das 1903/04 realisierte Wohnhs für die Erzieherinnen der Staatlichen Erziehungsanstalt im sog. Kl.hof 2; → IV,11]. In den 1920er-Jahren entstand die Siedlung Gartenstr. als erstes Projekt des 1919 gegr. Spar- u. Bauvereins G [ROSENTHAL: Solingen II, S. 69; H. WEBER: 50 Jahre Spar- u. Bauverein G. In: Die Heimat, Nr. 3 (1969), S. 9f.].

1929 verlor G seine städtische Eigenständigkeit, als es mit Solingen, Höhscheid, Ohligs u. Wald zur Stadt Groß-Solingen zusammengeschlossen wurde [→ I,7]. In den 1920er- u. 1930er-Jahren wuchs G im Bereich Hutten-, Melanchthon-, Schulstr., De-Leuw-Str. u. Heider Hof über den historischen Ortskern hinaus [→ Tafel 1.1; 3.1; 8.1–2]. 1930 wurden das Sparkassengebäude u. das Hotel „G.er Hof" an der Gerberstr. errichtet [PETERS: G, S. 30]. 1934 entstand die Ortsumgehung Wuppertaler Str., heute die zentrale N-S-Achse. Kriegszerstörungen hatte das Zentrum nicht zu beklagen. In den 1960er-Jahren u. A der 1970er Jahre wurde die Siedlung Abteiweg erbaut. Ansonsten hielt sich der Bauboom in Grenzen. Siedlungsverdichtungen sind neben den Bereichen Altstadt, Central, Abteiweg noch an der Lützowstr. (Süd-Ost) u. westl. der Wuppertaler Str. mit Nümmen, Flachsberg, Focher Dahl u. Schulte vom Brühl zu verzeichnen [U. DOST: Solingen-G. Zentralörtliche Ausstattung u. Stellung des Ortes im intraurbanen u. regionalen zentralörtlichen System, Staatsexamensarbeit, Gesamthochschule Wuppertal 1977, S. 48–51]. G besitzt heute einen der wenigen geschlossen erhaltenen historischen Ortskerne des Berg. Landes [→ Tafel 8.1–2]. Auf vielleicht noch mittelalterlichem Grundriss steht eine überwiegend aus dem 18. Jh. stammende Bebauung, die M des 19. Jhs. ihre für die Region typische Schieferverkleidung erhielt. Mit der Schaffung des Denkmalbereichs Alt-G (120 Baudenkmäler u. 1 Bodendenkmal), mit den Maßnahmen zur Verkehrsberuhigung u. Wohnfeldverbesserung im historischen Ortskern, der Erneuerung des Marktplatzes u. der benachbarten Str. 1988/89, dem Umbau des Stadtplatzes „Am Brandteich", der Restaurierung des sog. Kl.hofs u. der Eröffnung des Deutschen Klingenmuseums 1991 sowie den anderen Museen [→ IV,1 Museen; → Tafel 1.2] entwickelte sich G zum attraktiven Wohngebiet u. „immer mehr zum Ausflugsziel für den Ballungsraum Wuppertal-Düsseldorf", wobei auch die ausgedehnten Naherholungsgebiete in der Umgebung G.s eine Rolle spielen [Ministerium für Stadtentwicklung u. Verkehr des Landes NRW (Hg.): Historische Stadt- u. Ortskerne in NRW. Eine Dokumentation, 2. Aufl., Duisburg 1994, S. 405].

II, 2 Zerstörungen, Brände

1686 Dez. 27	Ein verheerender Stadtbrand vernichtet 78 Hss, 43 Schmieden, Scheunen u. Stallungen sowie die Stiftskirche mit Ausnahme des Turms u. der Katharinenkapelle, das Stift u. 19 zum Institut gehörende Hss; nur 26 Hss bleiben erhalten. Der Kirchenschatz wird gerettet, die Archivalien des Stifts u. der Gem. aber verbrennen. 400 v 500 Ew. werden obdachlos. Nach dem Brand erwirbt das Stift 20 Hs.plätze. Die ev. Gem. verliert das Predigthaus, Pastorat u. Schulgebäude, nimmt aber sofort Neubauten in Angriff [PIEPER, S. 37f.; ROSENTHAL: Solingen I, S. 298; BENNER/BREMES, S. 22; R. SCHNEIDER BERRENBERG: G.er Kirchenschatz, Solingen 1972, S. 12f.].
1698 März 3	Erneuter Brand zerstört 10 Hss u. 7 Scheunen, u. a. auch das Hs des Bgm. mit der dort befindlichen Registratur [PIEPER, S. 40, 49].

1717 Juni 12 Stift u. --kirche fallen einem Brand infolge eines Gewitters zum Opfer; lediglich der 1704 errichtete Osttrakt bleibt erhalten [ebd., S. 37f.; BENNER/BREMES, S. 22].

II, 2 Friedhöfe

1302 *cymiterium* in G erw. [RODEN I 24; UB G 54]. Der Friedhof liegt an der Süd- u. Westseite der Stiftskirche u. ist bis zur Reformation den Konventualen u. dem Personal vorbehalten. Die Ew der Freiheit gehören pfarrrechtlich zum Ksp. Wald u. werden auf dem dortigen Friedhof bestattet [SIMON, S. 112; zur Lage vgl. → 5.1.–2; LAV NRW R: RW Karten, Ghzt. Berg 4965].

1663 Nach der 1647 erfolgten ersten Initiative Anlage des ev. Friedhofs in einem Armengarten um das alte Predigthaus herum an der Einmündung der Garnisonstr. in die spätere Wuppertaler Str. vor der Freiheitspforte („Spitzweiche"), im Pestjahr 1666 Weihe, 1823 aufgelassen [ROSENKRANZ: Sitzungsberichte I, S. 71; H. ROSENTHAL: G wollte v Wald unabhängig sein. In: Die Heimat, Nr. 6 (1961), S. 21f.; H. UEBERHOLZ: Die ev. Kirchengem. Solingen-G im 17. Jh. In: Die Heimat, H. 26 (2011), S. 94; → Tafel 7.5].

1822 Anlage des Kommunalfriedhofs an der Wuppertaler/Walder Str. für beide christliche Konfessionen. Diejenigen ev. Ew der Gem. G, die noch zur Pfarrgem. Wald gehören (Apfelbaum, Dahl, Eckstumpf, Ehren, Foche, Heide, Nümmen) benutzen weiterhin den Friedhof in Wald. 1891 u. 1902 Erweiterung [LAV NRW R: LA Solingen 169; VB 1900/02, S. 19]. 1954: Bau einer Leichenhalle. Ab 1972 Umgestaltung zum Parkfriedhof [Solinger Tagebl., 10.6.1972; → Tafel 3.2].

1864 Anlage des ev. Friedhofs in Ketzberg an der heutigen Lützowstr., 1896 Friedhofskapelle, 1927 Einweihung des Ehrenfriedhofs [StaS: G 1152].

II, 2 Versorgungseinrichtungen

1416 Brunnen (*putze*) am *Putzer erve* erw. [UB Hammerstein 682; UB G 173].

1537 *den burgeren tzo G iren tzogehoerende wasserwech uff den putz* [ebd. 380]. Später bestanden 3 öffentliche Brunnen: 2 kleinere an der Pützstr., der heutigen Garnisonstr. u. der große am Markt [PIEPER, S. 63]. [→ Tafel 7.10–11]

1713 Aus Anlass der Verschmutzung der Brunnen legt der Magistrat in einer Verordnung 3 öffentliche Wasserstellen fest, die verschiedenen Zwecken dienen sollen: Springbrunnen-Kump zum Gemüsewaschen, Täpches-Kump zum Kleiderwaschen u. der Pfuhler Diek zum Würstewaschen [W. EYL: Zur Frühgeschichte der Freiheit G. In: Die Heimat, Nr. 3 (1938), S. 10; PETERS: Spaziergänge, S. 64; PETERS: G, S. 18f.].

1740 Festsetzung einer Feuerwehrordnung mit Rotteneinteilung: an der Spitze der 3 Rotten stehen jeweils Rott- u. Brandspritzenmeister; 1739 schaffte man eine Brandspritze an [StaS: HA II-F-2, fol. 1–4]. Neben den Brunnen existieren mehrere Wasserreservoire für den Brandschutz: der Teich am Pfarrhaus, die Teiche der beiden innerörtlichen Stiftsmühlen [→ Tafel 1.1], manchmal auch der Graben, der allerdings meistens kein Wasser führt [ROSENTHAL: Solingen II, S. 96]. 1882: Gründung einer freiwilligen Feuerwehr; 1908: Einrichtung einer Pflichtfeuerwehr [VB 1907/08, S. 42, Ortsstatut, S. 42–46]. Erstes Spritzenhaus stand hinter der ev. Kirche; A. des 20. Jhs.: Umzug zum heutigen Standort Brandteich (Steigerplatz); 1929: Ende der Selbstständigkeit; der Löschzug G der Freiwilligen Feuerwehr der Stadt Solingen ist auch für Central zuständig; nach dem Zweiten Weltkrieg Trennung v Freiwilliger u. Berufsfeuerwehr; 2002: Bildung einer Jugendfeuerwehr [E. BAUMEISTER: Die G.er Feuerwehr vor etwa 200 Jahren. In: Die Heimat, Nr. 14 (1932), S. 54; W. SCHRICK: 90 Jahre freiwillige Feuerwehr in G. In: Heimatspiegel, Nr. 2 (1972), S. 30–33; K. G. HANKAMMER: G feiert seine Löschgruppe. In: Heimatspiegel, Nr. 3 (2007), S. 53].

1891 Einrichtung einer städtischen Gasanstalt. Die 60 vorhandenen Petroleum-Laternen erhalten Gasbeleuchtung. 1912 112, 1927 159 Laternen [StaS G 370; Verwaltungsbericht der Betriebswerke der Stadt G für 1912 bis 1926, G 1928, S. 8; 1901 Stromversorgung durch das Berg. Elektrizitätswerk in Müngsten. Ein restaurierter Transformatorenturm v 1924/25 in der Garnisonstr. dient heute Wohnzwecken.

1892 Einzelne Teile des Gem.gebiets werden mit Wasser aus der Walder Wasserleitung versorgt (1903: 215 Anschlüsse). Die Anwohner des südlichsten Teils der Gem. (Kuller-. Schweizerstr.) sind an die Solinger Wasserleitung angeschlossen. 1904 wird beschlossen, das gesamte Gem.gebiet an das Elberfelder Wasserwerk anzuschließen (1905: 357, 1906: 579 Anschlüsse). In der Folgezeit entsteht eine entsprechende Infrastruktur [VB 1903/04, S. 36f.; ebd. 1905/06, S. 3; Verwaltungsbericht der Betriebswerke der Stadt G für 1912 bis 1926, G 1928, S. 19–29]. Seit M der 1930-er Jahre wird G v Solingen aus mit Wasser versorgt [ROSENTHAL: Solingen III, S. 431].

1900 Einführung der Müllabfuhr [VB 1900/02, S. 26]

II, 3 Tore

1492 *overste portze* [HOOGEWEG, S. 89], was impliziert, dass es auch ein unteres Tor gegeben hat.

1531 *vreyheyt portze*, vor der auf Stiftsland Hof, Hs u. Scheune eines G.er Bürgers liegen [Kop. (17. Jh.); UB G 372]

1616 Armengärten *oben fur der pforthen* [ROESSLE, S. 20]

1781 *vor der Pforten* [StaS: HA II-B-9, fol. 57]

1807 *unten vorm Thor an der Solinger Str.; an der Porten oder Freyheits Thor* [StaS: HA II-B-11, fol. 16, 30]

II, 4 Türme

1541 Ullychs-Hs liegt unten in der Freiheit G *beneden dem Moellender berffreden in dem orde up der beeck* [UB G 388].

1707 *Erdkampter thorn* [LAV NRW R: JB IV 297, fol. 5v; → Tafel 1.1]

II, 5 Straßen

1868 fand eine Neunummerierung der Hss statt, wobei es auch vorher keine offiziellen Str.bezeichnungen gab [LAV NRW R: Reg. Düsseldorf 9472]. 1907 wurden im Stadtgebiet Str.bezeichnungen eingeführt. Weitere Str.neu- u. umbenennungen erfolgten nach dem Städtezusammenschluss 1929, in der NS-Zeit u. nach 1945.

Innerhalb der Wall-Graben-Befestigung:

1516 *Greueroider straisse alss man van Soelingen zo G geyt* [LAV NRW R: Altenberg, Urk. 917] = 1615 *Solinger Landtstraß* [ebd.: Altenberg Akt 109e, fol. 4] = 1707 *Solinger straß* [ebd.: JB IV 297, fol. 5v] = 2. H 18. Jh. *Sohlinger Landstr.* [ebd.: Karten 1010] = 1796 *Sohlinger Stras* [ebd. 1512] = 1829 *Str. nach Solingen* [Tafel 1.1] = 1856 *Solingen-Elberfelder Staatsstr.*, die mitten durch den Ort führt [auch Solingen-Haan-Essen-Horster Staatsstr. gen. [LAV NRW R: LA Solingen 38, fol. 3] = 1907 *Kaiserstr.* [StaS: Bürgerrolle G 26] = 1929 *Freiheitsstrasse* = heute In der Freiheit [→ Tafel 1.2]

1796 *am graben* [→ Tafel 5.1] = 1807 *aufm Graben* [StaS: HA II-B-11, fol. 31] = 1829 *Auf'm Graben* = 1907 Am Graben [StaS: Bürgerrolle G 21] = heute *Am Graben* [→ Tafel 1.2]

1807 *Am Bürgerwall* [StaS: HA II-B-11, fol. 6] = 1907 *Am Wall* [ebd.: Bürgerrolle G 21] = heute Am Wall [→ Tafel 1.2]

1807 *Küllenberg* [StaS: HA II-B-11, fol. 25] = 1829 *Küllersberg* [→ Tafel 1.1–2] = 1907 *Küllerberg* [StaS: Bürgerrolle G 27] = 1935 *Nacker Küllenberg* [H. BRANGS: Solinger Flur-, Gebäude-, Gewässer-, Orts- u. Str.namen, Typskript o. O., o. J, S. 122] = heute Küllersberg [→ Tafel 1.2]

1863, 1907 *Wasserstr.* [StaS: Bürgerrolle G 33] = 1935 *Am Täppken* [H. BRANGS: Solinger Flur-, Gebäude-, Gewässer-, Orts- u. Str.namen, Typskript o. O., o. J, S. 5] = heute Täppken [→ Tafel 1.2]

1863, nach 1900 *Kirchstr.* [StaS: HA II-B-13, fol. 79; ebd.: Bürgerrolle G 19]

1907 *Gerberstr.* [StaS: Bürgerrolle G 24], die noch nicht bis zum Markt durchgebaut ist [→ II,2 Siedlungsentwicklung; Tafel 1.2]

1907 *Steines* [StaS: Bürgerrolle G 32]

1975 *Stiftsgasse* = heute Stiftsgasse [→ Tafel 1.2]

Außerhalb der Graben-Wall-Befestigung

1417 *Walder Weg* [Regest, Kop. (16. Jh.); UB 176] = 1707 *Walder Str.* [LAV NRW R: JB IV 297, fol. 4v] = 1781 *Walder Strasse* [StaS: HA II-B-9, fol. 93] = 1796 *Walder Stras* [→ Tafel 5.1] = 1829 *Strasse von Wald nach G* [→ Tafel 1.1] = heute Walder Str. [→ Tafel 1.2]

1703 *Str. von Gräfrath nach der Klapmuth* [StaS: G 1302]

1707 *Putzstraß* [LAV NRW R: JB IV 297, fol. 22v] als Teil der Solingen-Elberfelder Chaussee u. der späteren Freiheitstr. im N = 1807 *Püttstr.* [StaS: HA II-B-11, fol. 20] = 1816/17 *Pützstr.* [LAV NRW R: RW Karten 1855] = 1820 *Pützstr.* [ebd.: LA Solingen 37, fol. 5] = 1829 *Pützstr.* [→ Tafel 1.1] = 1935 *Garnisonstr.* [H. BRANGS: Solinger Flur-, Gebäude-, Gewässer-, Orts- u. Str.namen, Typskript o. O., o. J, S. 81]

	= heute Garnisonstr. [→ Tafel 1.2]. Die Garnisonstr. war früher ein Teil der Wasser- bzw. Freiheitstr. (Markt bis „Spitzweiche") [→ Tafel 7.5].
1707	*Eschbacher Fußpfad* (vermutl. zur Ehrener Mühle) [LAV NRW R: JB IV 297, fol. 6] = 1781 *Eschbacher Fußpfad* nahe Mühlenbusch [StaS: HA II-B-9, fol. 7] = 1807 *Eschbacher Fußpfad* [ebd.: II-B-11, fol. 113; → Tafel 4]
1707	*Kuppelstr.* [LAV NRW R: JB IV 297, fol. 22v] = 1781 *Koppelsträßgen* [StaS: HA II-B-9, fol. 103] = 1807 *Koppelsträsgen* [ebd.: II-B-11, fol. 102]
1707	*Dreibsträßgen* [LAV NRW R: JB IV 297, fol. 22v] = 1781 *Treibstraißgen* [StaS: HA II-B-9, fol. 93] = 1807 *Treibsträßgen* [ebd. II-B-11, fol. 94]
1752	*Hoher Straß* [ebd. II-G-1] = 2. H 18. Jh. *Höher Str.* [LAV NRW R: RW Karten 1010] = 1796 *Höher Stras* [→ Tafel 5.1] = 1807 *Höherstr.* [StaS: HA II-B-11, fol. 166v] = 1816/17 *Strasse von G nach der Höhe* [LAV NRW R: RW Karten 1855] = 1829 *Alte Höher Str.* [→ Tafel 1.1]
2. H 18. Jh.	nach *Cronenberg* [LAV NRW R: RW Karten 1010] = 1816 *Kronenberger Strasse* [ebd. 1154]
1781	*Bergerter Sträsgen* [StaS: HA II-B-9]
1799	*Weg von der Elberfelder Strasse auf G* [LAV NRW R: JB II 6343, fol. 4]
1807	*Schlagbaumer Str.* (v Stockdum) [StaS: HA II-B-12, fol. 103]
1807	*Ketzberger Str.* [ebd. II-B-12, fol. 60] = vielleicht identisch mit dem 1853 gen. Weg längs Dyck u. Rauenhaus nach Ketzberg [ebd. G 1741]
1807	*Focher Str.* (v Nümmen) [ebd.: HA II-B-12, fol. 208]
1807	*Nümmener Sträßgen, Nümmener Weg* [ebd.: II-B-11, fol. 17, 87]
1807	*Klosterfuhrweg* [ebd.: II-B-11, fol. 173] = 1816/17 *öffentliche Strasse nach dem Kl.* [LAV NRW R: RW Karten 1855]
1816	*Rosskamper Strasse* [ebd. 1154] = vielleicht identisch mit dem 1854 gen. Weg, der v der Scheider Heide längs Ringelshäuschen, Rauenhaus, Paashaus u. Laiken nach Rosskamp führt [StaS: G 1741; → Tafel 3.1]
1829	*Str. von der Cluse* [→ Tafel 1.1]
1846	Kommunalweg v G nach Haan, Verbindungweg längs Tummelhaus nach Nümmen u. weiter bis Eckstumpf, Verbindungsweg v G nach Ehren [StaS: G 1741; → Tafel 4]
1865	Schlagbaum-Kuller-Weg [StaS: G 1741]

Treppe vom Stift auf den Marktplatz [→ Tafel 7.11]

1442	Hof des Stifts an der Treppe zu G [UB G 224]
1492	*Ryncken vur der Trappen* [Hoogeweg, S. 86]
1530	*by dem trappener garden vurgeyn des cloisters muyren* [Kop.; UB G 369], wo eine Pforte den Einlass zum Stiftsfriedhof gewährleistete [H. Becker: Die bauliche Entwicklung des G.er Kl.- u. Stiftshügels, Wuppertal 1978, S. 7; zur ältesten Einzeichnung der Treppe in eine Karte (1806): LAV NRW R: Ghzt. Berg 4965].
1839–42	An der Ausbesserung der sog. Kl.treppe musste sich die Gem. beteiligen, da sie auch öffentlich genutzt wurde [LAV NRW R: Reg. Düsseldorf 28585; StaS: G 1750; E. Baumeister: Ein Streit um die Erneuerung u. Instandhaltung der G.er Kl.treppe. In: Die Heimat, Nr. 12 (1936), S. 45f.].
1906/07	Mit der Umgestaltung des Marktplatzes wird der untere rampenartige Teil des Weges zur Pfarrkirche als Treppe hergestellt. 1907 als Str. offiziell *Kirchtreppe* gen. [Sta: Bürgerrolle G 27 = heute Kirchtreppe; → Tafel 1.2]. Der obere Teil, die sog. hohe Treppe, wird 1909/10 grundlegend umgebaut, erneuert u. die Kirchplatz instandgesetzt, wobei den größten Teil der Kosten die kath. Gem. übernimmt; die Stadt leistet einen Zuschuss v 1.000 Mark [VB 1905/06, S. 20f.; ebd. 1909/10, S. 25; Peters: Spaziergänge, S. 34; Peters: G, S. 26; → Tafel 7.11].

II, 5 Plätze

1561	*Mart* als Namensbestandteil u. topographische Bezeichnung erstm. erw. [Kop.; UB G 400 Anm.]. Da bereits 1358 Jahrmärkte in G abgehalten werden, ist davon auszugehen, dass ein Marktplatz in der 1. H des 14. Jhs. besteht [→ III,2 Markt] = 1829 *Am Markt* [→ Tafel 1.1] = 1907 *Marktplatz* [StaS: Bürgerrolle G 28] = heute G.er Markt [→ Tafel 1.2]. 1730 wird ein neuer, v Bgm. Peter Schnitzler gestifteter Marktbrunnen mit einer viereckigen Mittelsäule aus schwarzem Marmor erbaut, auf der Vorderseite unter dem Hauptausfluss das Schöffensiegel mit entsprechender Aufschrift; in den 1870er-Jahren Ersatz des Aufsatzes durch eine gusseiserne Säule mit dem preußischen Adler, um 1910 Wiederaufstellung, 1952 Nachbildung [Nottbrock, S. 29; Peters: Spaziergänge, S. 42; 250 Jahre Marktbrunnen in G. In: Heimatspiegel, Nr. 1 (1980), S. 1–9; K. Buchmüller: Der Geist des Peter Schnitzler. In: Heimatspiegel, Nr. 3 (1995); vermutl. das Vorgängermodell beschrieb J. Wülffing 1729 als „schönen Brunnen" [Beschreibung der Vornehmen Handels-Städte u. Flecken Berg. Landes. In: ZBGV 19 (1883), S. 127; Peters: G, S. 14f., 27].
1907	*Kirchplatz* [StaS: Bürgerrolle G 27] = 1935 *Kl.hof* [H. Brangs: Solinger Flur-, Gebäude-, Gewässer-, Orts- u. Str.namen, Typoskript o. O., o. J, S. 95] = heute sog. Kl.hof [→ Tafel 1.2]
2011	Vorplatz des Solinger Kunstmuseums erhält die Bezeichnung Georg-Meistermann-Platz [→ Tafel 1.2].

II, 5 Gebäude

Rathaus

1753	*Wegen annoch unerbauten Rathzimmers* muss die Ablegung der Bürger- u. Steuerrechnung u. die Wahl des neuen Bgm. u. Rats in der reform. Kirche stattfinden [Die Heimat, Nr. 9 (1934), S. 34].
1756/57	Gem. mietet 2 Räume für Verwaltungszwecke im Obergeschoss der neuerrichteten reform. Schule an der Gerberstr. [LAV NRW R: Ghzt. Berg 4457, fol. 29; Presbyterium der Ev. Kirchengem. G (Hg.): 400 Jahre Ev. Kirchengem. G 1609–2009, FS, Wuppertal 2009, S. 31]. In die Steuerrechnung der Freiheit G v 1779/80 ist eine Miete i. H. v 6 Rtl. für die Ratszimmer eingestellt [LAV NRW R: JB IV 298]; 1873: Auszug der Verwaltungseinrichtungen [ebd.: LA Solingen 476, fol. 14].
1876	3 Räume im Erdgeschoss u. ein Speicherzimmer in einem Privathaus am Täppken für Verwaltungszwecke [Benner/Bremes, S. 50]
1880	Das neue Rathaus in der heutigen Str. In der Freiheit 17 wird in Nutzung genommen [StaS: G 374]. Es genügt bald nicht mehr den Ansprüchen der wachsenden Stadtverwaltung: die Kassen müssen in ein Schulgebäude ausgelagert, die Sitzungen des Stadtrats in einem Wirtshaus abgehalten werden. Nach 1902 Unterbringung der Kassen u. der Bgm.-Wohnung in einem Privathaus, sodass im alten Rathaus im Erdgeschoss die Amtsräume u. im Obergeschoss der Stadtratssaal untergebracht werden können [Benner/Bremes, S. 50–53; Peters: G, S. 46].
1908	Einweihung des repräsentativen Rathausneubaus (Architekt: Arno Eugen Fritsche, Elberfeld) an der späteren Wuppertaler Str. u. damit erstm. Zentralisierung der G.er Stadtverwaltung [→ Tafel 7.6] Nach dem Städtezusammenschluss (1929) Nebenstelle der Stadtverwaltung, Stadtbibl., Polizeirevier, nach 1933 verschiedene NS-Einrichtungen, umfangreiche Kriegszerstörungen, 1953 Wiederaufbau, 1954 Deutsches Klingenmuseum, 1969 Verlegung der Bücherei zum Marktplatz u. 1989 des Klingenmuseums ins ehem. Stiftsgebäude, 1996 Eröffnung des Museums Hs Baden, heute Kunstmuseum Solingen mit dem Zentrum für verfolgte Künste [B. Battenfeld: Rathäuser in Solingen, Solingen 2008, S. 84–92; W. Geis: Vom Rathaus zum Klingenmuseum. In: Denkmalpflege im Rheinland, H. 4 (1988), S. 41–43; H. Nussbaum: Die Berg. Bauweise u. ihre Renaissance um 1900. In: S. Gorißen u.a. (Hg.): Geschichte des Berg. Landes, Bd. 2, Bielefeld 2016, S. 455–461; → Tafel 1.2].

II, 6 Rechtsdenkmäler

1302	Hs, das früher dem Scharfrichter Tilman (v Ratingen?) gehörte, liegt in unmittelbarer Nähe des Stiftsfriedhofs [UB G 54].
1731/32	Rechtsstreit mit den Ew. der Honnschaft Ketzberg, die *vor undenklichen Jahren* für die Errichtung u. Unterhaltung des Galgens zuständig waren. 1793–96: Standort des Galgens des Amtes Solingen in der Scheider Heide, für dessen Unterhalt die Honnschaft Ketzberg zuständig ist, ist seit 30 Jahren verwaist. Die Aufstellung eines Galgens wird auch in Zukunft nicht verlangt werden, da in den Ämtern keine Exekutionen mehr stattfinden. [LAV NRW R: JB Hofrat II B XXVI 139, insb. fol. 26–27; W. Herwig: Der Galgen des Amtes Solingen. In: Die Heimat, Nr. 7 (1959), S. 25f.].
1818	war der Pranger (Käx) südl. neben dem Marktbrunnen noch vorhanden [Pieper, S. 63].
1884	Neubau eines Polizeigewahrsams im Hintergebäude des alten Rathauses [VB 1883/84, S. 15], nach 1908 im neuen Rathaus [B. Battenfeld: Rathäuser in Solingen, Solingen 2008, S. 84, 88]

II, 7 Größe des umwehrten Areals in ha

Areal: 14,5 ha. N-S-Ausdehnung: 425 m; W-O-Ausdehnung: 550 m.

III Herrschaft u. Gemeinde

III, 1 Grundherrschaft

Stift St. Ursula in Köln u. Stift Gerresheim

1135 schenkte der Kölner Eb. Bruno II. v Berg dem Kölner Stift St. Ursula einen Altar, der mit 20 Schillingen dotiert war, v denen 12 durch den Zehnten *in uilla Greuerode quę est in parrochia Walde* aufzubringen waren, den Rudolfus, der verstorbene Ministeriale v St. Ursula als Benefizium besessen hatte [NrhUB I, Nr. 321]. Es ist vermutet worden, dass dieser Zehnt des Ursulastiftes urspr. aus dem Besitz des Stiftes Gerresheim stamme, das in der G.er Gegend begütert war; Sonnborn beispielsweise, für deren Pfarrkirche das Stift G 1427–1550 das Patronatsrecht besaß, gehörte vermutl. urspr. zum Gründungsgut des Stiftes Gerresheim. Die Gerresheimer Kanonissen waren im 10. Jh. aufgrund eines verheerenden Ungarneinfalls nach Köln geflohen u. vom Ursulastift aufgenommen worden. Rechte u. Besitz sind damals vermischt u. später wohl nicht mehr eindeutig getrennt worden [922 = REK I 311; W. Harless: Heberegister des Stifts Gerresheim aus dem XIII. u. XIV. Jh. In: Lacomblet: Archiv VI, S. 112; Simon, S. 32f.; E. Dösseler: Die berg. Besitzungen der alten stadtkölnischen Stifter u. Abteien. In: DJb 48 (1956), S. 212f.].
1374 wird ein *census in Walde* des Ursulastifts erw., der u. a. *up der Heiden*, *Nymen*, *Ketzberg* u. *Scheide* umfasste [ebd., S. 213]. Noch im 18. Jh. hatte Hölterhoffs Gut in Nümmen *nach Cöllen an St. Orschels Closter* eine Zinsabgabe zu liefern, die vielleicht mit dem 1135 erw. Zehnten identisch ist; das Gut war allerdings inzwischen in den Besitz des G.er Stifts übergegangen [Simon, S. 34; E. Schmitz: Wandlungen eines klösterlichen Erbpachtgutes. In: Die Heimat, H. 2 (1936), S. 5f.; G. Wegener: Geschichte des Stiftes St. Ursula in Köln, Köln 1971, S. 236].

Stift Vilich

1185 bestätigte der Kölner Eb. Philipp v Heinsberg die Übereinkunft zwischen der Äbtissin Elisabeth v Vilich u. Abt Florentius v Deutz, wonach eine Kapelle, die auf dem Terrain des dem Vilicher Konvent gehörenden, nicht namentlich erw. Eigenguts (*predium*) in G liegt, aus dem Pfarrgebiet der Walder Kirche, zu der diese gehörte, herausgelöst werden u. eigene Pfarrrechte erhalten sollte. Bei der Kapelle, wo sich *per Virtutem Dei signa et miracula* ereignet haben sollen, beabsichtigte Elisabeth die Gründung eines Stifts (*sacrum collegium*) [UB G 1]. 1187 bestätigte Eb. Philipp die Gründung eines Frauenkonvents auf dem Vilicher Allod in G (*in allodio Vilicensi, quod Greverode dicitur*). G wird hier ausdrücklich namentlich erw. Zur Ausstattung des neuen Konvents hatte Elisabeth diesem den Zins übertragen, den bislang die G.er Hofesfamilie an den Vilicher Konvent zu zahlen hatte. Bereits um 1189 verzichtete Elisabeth mit Zustimmung des Vilicher Konvents zugunsten der G.er Stiftsgründung auf das dortige Allod [ebd. 3; Simon, S. 44; Giersiepen, S. 224f., 259].

Augustinerchorfrauenkonvent G

1187 erhielt das neugegr. Stift G Einkünfte aus dem Vilicher Allod in G [Simon, S. 148f.; zum Umfang der Stiftshofländereien A 19. Jh. vgl. O. Bauermann: Zur Geschichte des Kl.hofes in G. In: Die Heimat, Nr. 8 (1955), S. 34f.; → IV,5]. Der G.er Konvent entwickelte sich in der Folgezeit zum größten Grundherrn in G. Neben den innerhalb der Stiftsimmunität gelegenen Bauten u. den Wirtschaftsgebäuden auf dem Stiftshügel besaß der Konvent Hs- u. Grundbesitz im Ort G u. der Umgebung. 1232 übertrug Gerlach dem Marienstift unter bestimmten Auflagen 12 Mark für die Güter, die der Konvent in Heide (Heiderhof) erworben hatte [UB G 24]. 1257 erwarb Gerlach, der nun *frater ecclesie b. Marie in G* gen. wird, aus dem Besitz des Th. Husinna 3 vermutl. in G liegende Hss: den Zins aus diesen Hss übertrug er ebenso wie beim Tode des Nutzers fällige Abgabe der Meisterin des G.er Konvents [ebd. 33; Simon, S. 149; → IV,5]. Nach dem Kurzregest einer nicht überlieferten Urk. (1292) im Urkk.verzeichnis des Notars P. Keyenberg v 1668 waren in G 36 Hss u. Kotten vorhanden, die vermutl. vom Stift abhängig waren [UB G 46; Simon, S. 149]. Es kann davon ausgegangen werden, dass auch die v Gerlach erworbenen Hss inzwischen in den Besitz des Stifts übergegangen waren.
1301 erließ Gf. Wilhelm I. v Limburg-Berg dem Stift die Zahlung v Bede u. Futterhaferabgabe v Gütern in G u. Bavert [→ III,2 Bede; IV,5; UB G 53; Simon, S. 149]. 1467 umfasste die Befreiung v der Futtermittelabgabe in G 7 Malter u. 3 Sümber [Kop. (17. Jh.); UB G 263].
1305 werden umfangreiche Schenkungen u. Gütererwerbungen erw., die Winrich, Propst des Stifts G, für dieses getätigt hatte: in G das Erbe Hermanns, Belas Sohn, für 220 Mark köln. Währung; insgesamt 136 Mark wandte Winrich für weitere Erwerbungen auf: Jahreszinszahlungen aus den Hss des verstorbenen Kl.bediensteten Bruno, den Hss des Hermann Priors, dem Hs- u. Grundbesitz der Hilla Lutberse u. des früheren Vogtes Tilmann. Tilmann Kettwig verkaufte Ackerflächen, die Erben des früheren Henkers Tilmann Hs- u. Grundbesitz; Johann Meister stellte ein Acker-, Hermann Fürkelt ein Wiesenstück zur Verfügung. Für das Eindecken der Kl.dächer, des „Steinhauses" u. anderer Gebäude brachte der Propst rund 100 Mark auf, für die Errichtung des Brauhauses u. eines Hs neben der Küche ca. 50 Mark, für ein neues Hs in G 22 Mark [ebd. 57]. 1344 pachtete der Ritter Heinrich Stael v Schlickum v Stiftsbesitz 2 Hofstätten u. einen Garten in G [ebd. 101]. 1354 war der Konvent im Besitz des später schatzfreien Hofes zum Holz bei G, wobei es sich um das hinter dem „Kl.busch" in der Walder Honnschaft G gelegene Gut Flockertsholz handelt [ebd. 115; 1494ff. = Kop. (1792); ebd. 314; zur Ausdehnung des Gutes Flockertsholz vgl. auch 1549 = Kop.; ebd. 402]. Grundzinsen an den Konvent zahlten 1432 die Besitzer des Hs am Berg unmittelbar oberhalb des Hs zu Berghausen in G, 1442 Heinrich Bartscherer u. seine Ehefrau Bela für eine vor der Treppe in G gelegene Hofstatt, einen Garten am Mühlenteich u. bei der Steinkuhle [ebd. 213, 224, 254; → Tafel 1.1]. 1483 wird der Beyers Hof als Stiftsbesitz erw. [ebd. 282]. 1501 wird ein Gütchen zum Holz in Ksp. Wald in der Honnschaft Nümmen gen. [ebd. 327]. 1537 befindet sich der Konvent im Besitz des Steinhauser Hofes [ebd. 380]. 1541 wurde das Ullychs-Hs, das unten in der Freiheit *beneden dem Moellender berffreden in dem orde up der beeck* lag, an das Stift übertragen [ebd. 388]. Zu einem späteren Zeitpunkt kamen die Hss Grünewald, Zur Linden u. Steinbach in den Besitz des Konvents [StaS: HA II-F-3]. Grünewald war bis A 19. Jhs. ein recht unbedeutendes, verpachtetes Gütchen [LAV NRW R: JB II 6343]. Das heute schlossähnliche Anwesen wurde erst zwischen 1817 u. 1824 errichtet u. war später Wohnsitz der Familien de Leuw u. Piedboeuf. In den Steuerhebezetteln v 1716/17 waren die Besitzer v 25 Hss aufgeführt, die Abgaben an die Abtei zu leisten hatten [StaS: HA II-B-4]. Der Plan des Landmessers J. W. Buschmann v 1796 grenzt Stifts- u. Bürgerbesitz in G akribisch voneinander ab [LAV NRW R: Karten 1512; → Tafel 5.1]. Damals besaß das Stift allein in der Freiheit 908 Mg, 3 Viertel, 7 5/8 Ruten steuerfreies Eigentum, während die steuerbaren Bürgergründe nur 485 Mg, 16 3/8 Ruten ausmachten [ebd.: JB IV 400, fol. 68]. In G war das Stift um 1800 noch Eigentümer v 19 steuerbaren Hss, 2 Mühlen [→ V,4] u. sonstigen Gebäuden [ebd.: Ghzt. Berg 904; vgl. für die Zeit nach 1803 H. Brangs: Der Grundbesitz des G.er Kl. nach der Säkularisation. In: Heimatspiegel, Nr. 6 (1951), S. 3f.].

Katharinen-Kommende des Deutschen Ordens in Köln

1297 schenkte Wilhelm, Pleban in G, der Katharinen-Kommende des Deutschen Ordens in Köln 4 Mg Land bei G *in dem Waterrust* [HAStK: Best. 234, U 1/142].

III, 1 Gerichtsherrschaft

Freiheitsgericht

Die Gff./Hz. v Berg besaßen in G das Hoch- u. Niedergericht. 1363 gliederte sich das Amt Solingen in die Ortschaften u. Landgerichte Solingen, Wald, Sonnborn, Gruiten, Düssel, Schöller u. Hilden. G wird nicht erw. [Lacomblet: Archiv IV, S. 148]. So wie bereits 1135 die *uilla* G bereits 1135 zum Ksp. Wald gehörte [NrhUB I, Nr. 321], war auch das Walder Landgericht, das freilich erst 1383 als mit dem Amtmann als Amtsrichter u. 7 Schöffen besetzte *rychtliche bank* erw. wird, für G zuständig [UB G 143; Brendler, S. 110f.]. G besaß demnach bis A des 15. Jhs. kein eigenes Gericht [Houben, S. 70]. 1249 ist v einem Lehen in *parrochia de Walde in terminis Barle quod vulgo dicitur hunneschaf* die Rede [LAV NRW R: Johanniterkommende Herrenstrunden, Urk. 13]. In der Gerichtserkundigung v 1555 wird festgehalten, dass der Bezirk des Landgerichts Wald, der identisch ist mit dem gleichnamigen Ksp., aus den 8 Honnschaften G, Ketzberg, Scheidt, Itter, Barl, Bavert, Schnittert u. Limmingshofen bestand [Harless, S. 168]. Demnach kann man davon ausgehen, dass sich das Landgericht Wald bereits M des 13. Jhs. in Honnschaften gliederte, v denen G eine war [Brendler, S. 111].
Mit der Erhebung der Siedlung G zur Freiheit 1402 erfolgte mit Berufung auf das Solinger Vorbild die Herauslösung aus dem Landgericht Wald u. die Bildung eines eigenen, nach Bürger- u. Stadtrecht urteilenden Gerichts für die Freiheit [→ III,3; Rosenthal: Solingen I, S. 125; Harless, S. 167]. Das G.er Freiheits- oder Stadtgericht wurde aus den 1445 erstm. erw. 4 Schöffen sowie dem Bgm. u. als Vorsitzenden dem Richter des Amtes Solingen gebildet [→ III,6]. Neue Schöffen wurden durch den Bgm. u. die noch im Amt befindlichen Schöffen gewählt u. vom Richter des Amtes der berg. Landesherrn vereidigt. Laut Gerichtserkundigung v 1555 besaß das Stadtgericht G auch einen geschworenen Gerichtsschreiber [Harless,

S. 168]. 1489 ist dokumentiert, dass sich G mit Wald den Gerichtsboten teilen musste [R. Kaiser (Bearb.): Wald (= RhStA, VI/Nr. 36), Bonn 1980, S. 5]. Bereits 1445 besaßen die G.er Schöffen ein Siegel, dessen Abdruck erstm. 1483 überliefert ist [→ III,6]. Das G.er Freiheitsgericht war für Fälle der niederen Gerichtsbarkeit zuständig. Hochgerichtliche Angelegenheiten gehörten vor das Landgericht Solingen [Rosenthal: Solingen II, S. 41]. Das Freiheitsgericht konsultierte in schwierigen Fällen das Gericht in Solingen. Appellationen gingen an den Landesherrn. Für die außerhalb der Freiheit wohnenden Ew der Honnschaft G blieb das Landgericht Wald zuständig [Harless, S. 167f.]. Mit der Einführung der neuen Gerichts- u. Prozessordnung für die Jülich-Berg. Haupt- u. Untergerichte 1667 verlor das Freiheitsgericht seinen Charakter als Stadtgericht u. wurde auf den Status eines Bürgerverhörs herabgestuft [Rosental: Solingen II, S. 42f.]. In der 2. H des 18. Jhs. schlich sich in G der Missstand ein, dass die Bürgerverhöre während der Ratssitzungen abgehalten wurden [ebd., S. 71].

Landgericht der Vierkapellen, Landgericht G

Vermutl. mit der Erhebung G.s zur Freiheit 1402 wurde das sog. Landgericht der Vierkapellen, auch Landgericht G gen., dort angesiedelt. Das Gericht war für die Orte Sonnborn, Gruiten, Düssel u. Schöller zuständig [Houben, S. 70f.]. Gegen die These v E. Weise [Brüchten- u. Amtsrechnung über Einnahmen u. Ausgaben des Amtsmanns Dietrich Smend zu Solingen. In: ZBGV 57 (1928), S. 107], dass das Gericht der Vierkapellen bereits seit dem 9. Jh. bestehe u. „nach altem Herkommen" in G abgehalten worden sei, der Houben u. Brendler widersprochen haben, lässt sich ins Feld führen, dass 1363 bei der Fixierung der Ämter- u. Gerichtsverfassung in der Gft. Berg 4 selbstständige Gerichte in Sonnborn, Gruiten, Düssel u. Schöller existierten [Lacomblet: Archiv IV, S. 148]. 1356 war das Gericht Sonnborn nachweislich tätig [UB G 118], was Houben zu der Annahme geführt hat, dass das Landgericht Vierkapellen vor der Verlegung nach G in Sonnborn getagt habe [Houben, S. 72]. Laut Brendler entschied das Gericht zu Düssel 1336 allerdings einen Familienstreit, sodass vor 1402 v 4 selbstständigen Gerichten auszugehen ist [Brendler, S. 113]. 1438 wird das Gericht der Vierkapellen erstm. erw. [UB Hammstein 737; Houben, S. 70]. 1555 umfasste das mit 4 Schöffen besetzte Gericht der Vierkapellen 6 Honnschaften Gruiten, Obergruiten, Schöller, Unter- u. Oberdüssel sowie Sonnborn. Es besaß einen eigenen vereidigten Gerichtsschreiber u. einen Boten. Konsultiert wurde das Hauptgericht in Kreuzberg [Harless, S. 167f.]. Im 16. Jh. waren Bemühungen der Landgerichte in G (u. Wald) erfolgreich, die Zuständigkeit des Gerichts Hilden, über das der Kölner Eb. die Gerichtsherrschaft beanspruchte, zu schmälern: es ging insb. um die Orte Krautscheid u. Wibbelrath im Ksp. Haan [Höroldt/Roden V, S. 47; Milz, S. 141f.]. 1667 erfolgte der Zusammenschluss des G.er Freiheitsgerichts (3 Schöffen) u. des Gerichts der Vierkapellen (4 Schöffen), der allerdings bereits 2 Jahre später hinfällig war, als mit der Erhebung der Herrschaft Schöller zur Standesherrschaft das Landgericht der Vierkapellen nach Sonnborn verlegt wurde [Rosenthal: Freiheit, S. 24; ders.: Solingen I, S. 297]. Später kam es vermutl. wieder zu einem Zusammenschluss, denn vermutl. 1731 heißt es in dem Bericht eines berg. Amtsträgers an Hz. Johann III. zum Gericht *Greffrath oder Vier Capellen: Das Gericht G wird jederzeit in der freyhei Greffrath gehalten, unt werden darzu aus jetztgemelten Greffrath drey unt aus den Capellen vier scheffen assumiret*. Zum Gericht gehörten die Freiheit G u. die 6 bereits 1555 gen. Honnschaften [Milz, S. 253f.].

Friedensgericht, Amtsgericht

1812 Die Bgm. G gehört zum Friedensgericht Solingen, 1821 wiedererrichtet [D. Strauch: Rhein. Gerichte in 2 Jhn. Die Entwicklung der ordentlichen Gerichtsbarkeit in der Rheinprovinz u. ihren Nachfolgestaaten v 1798–2005, Düsseldorf 2007, S. 419].
1879 Die Bgm. G gehört zum Amtsgericht Solingen u. damit zum Bezirk des Landgerichts Elberfeld [ebd.; Bär: Behördenverfassung, S. 437].
Heute Amtsgericht Solingen, Landgericht Wuppertal, Oberlandesgericht Düsseldorf

III, 1 Amtsträger u. Bedienstete

1305 Tilmann *quondam advocatus* [UB G 57]
1555 Gerichtsschreiber; der Walder Gerichtsbote ist auch für G zuständig [Harless, S. 170].
1702 Clemens Saam, der später in G wohnt, wird *zum Tamboren* (der Landschützen) *Amts Sohling* ernannt [E. Baumeister: G hat einen Landesbediensteten. In: Die Heimat, Nr. 6 (1932), S. 23; Rosenthal: Solingen II, S. 43].
1740 Landzöllner in G erw. [Rosenthal: Solingen I, S. 189]

III, 2 Markt

Jahrmarkt

1358 Es werden mehrere Jahrmärkte in G abgehalten, denn Gf. Gerhard I. v Jülich-Berg verleiht dem Stift G das alleinige Weinverkaufsrecht mit der Einschränkung, dass dieses Privileg an einem der Jahrmärkte nicht gelten solle [UB G 120; → III,3].
1402 Im Freiheitsprivileg für G werden 3 Jahrmarktstermine gen.: jeweils 3 Tage vor u. nach Petri Kettenfeier (1. August), Mariä Geburt (8. September), Mariä Verkündigung (25. März) [→ III,2].
1436 Hz. Adolf VII. v Jülich-Berg bestätigt dem Stift G das Privileg des alleinigen Weinverkaufs für das Dorf G u. den Umkreis einer viertel Meile an allen Tagen des Jahres, auch an den Kirmessen mit Ausnahme des Termins Petri Kettenfeier [UB G 219; → III,2].
2. H 15. Jh. Tuchhändler Jacob v der Burg beschuldigt mehrere Kölner Händler, ihm, nachdem sie in G den Jahrmarkt besucht hatten, in Solingen u. G Tuch abgenommen zu haben [Kuske: Quellen IV, S. 130; Rosenthal: Solingen I, S. 98].
1561 *Mart* als Namensbestandteil u. topographische Bezeichnung erstm. erw. [Kop.; UB G 400, Anm. 1]
1702 Jahrmarkt wird nur noch an einem Sonntag u. Montag A August abgehalten [Rosenthal: Freiheit, S. 32].
1802/04 Eintägiger Jahrmarkt am 27. Thermidor (15. August), an dem Kramwaren u. Rindvieh zum Verkauf stehen [LAV NRW R: Roer-Dep. 2597]
1810 3 Jahrmärkte am 22. Februar (2 Tage), am 25. März (2 Tage) u. am 8. September (7 Tage); Warenangebot: Ellenwaren, Seiden, Kattuntücher, alte Kleidungsstücke, Porzellan, Stahl- u. Eisenwaren, hölzerne Waren, Hüte, Schuhe, Backwerk [ebd.: Ghzt. Berg 5561]
1816 Seit einigen Jahren bestehen in der Samtgem. G Hofkirmessen in Flachsberg u. Cronenfeld, die aber keine Konkurrenz für die Jahrmärkte sind [StaS: HA II-L-3 Bd. 1, fol. 53].
1817 Während früher 2 Jahrmärkte abgehalten worden sind (25. März u. 8. September), existiert derzeit nur noch ein kleiner Krammarkt am 1. August. Wegen Verlegung der Gottestracht sollte der nunmehr dreitägige Jahrmarkt auf den letzten Sonntag im August verlegt werden; bis heute Kirmestermin [ebd. II-L-3 Bd. 1, fol. 186, 218–219; LAV NRW R: Reg. Düsseldorf 2023].
1854 Viertägiger Krammarkt vom 27.–30. August [ebd.: LA Solingen 644]
1884 Dreitägiger Krammarkt ab 1. September [Rhein. Provinzial-Handbuch I, 1884, S. 283]
Seit 1902 Krammarkt in Verbindung mit Kirmes laut Weisung des Regierungspräsidenten am letzten Montag, Dienstag u. Mittwoch im August; gelegentlich auch Sonntag bis Dienstag Jahrmarktstage. Die Buden werden zu beiden Seiten der Solinger Str. aufgestellt. Der Kreisbahnbetrieb von G bis zur „Spitzweiche" wird eingestellt [→ Tafel 7.5]. Seit ca. 1911 ist der Wilhelmplatz neuer Standort des Jahrmarkts, 1927 Kirmes am Brandteich [StaS: G 1682, 1685; LAV NRW R: Reg. Düsseldorf 45765].

Wochenmarkt

1402 Möglicherweise wurde den G.ern im Freiheitsprivileg gestattet, am Sonntag einen Wochenmarkt abzuhalten [→ III,3].
1830 Einführung eines Wochenmarkts auf dem Marktplatz [→ Tafel 7.11] am Montag u. Freitag nach erneuter Marktordnung 1829; der Markt geht in den 1880er-Jahren ein [LAV NRW R: LA Solingen 342; StaS: G 1689 mit der Marktordnung; H. Weber: Als G noch einen Wochenmarkt hatte. In: Heimatspiegel, Nr. 3 (1971), S. 22f.; Der Markt in G. In: ebd., Nr. 3 (1976), S. 1–4; → Tafel 1.1–2: 6.1–2; 8.1–2].
2014 Wiederbelebung des 2002 eingestellten, am Brandteich abgehaltenen Wochenmarkts; der neue Wochenmarkt findet samstags auf dem Marktplatz statt.

III, 2 Zoll

1257 Gf. Adolf IV. v Limburg-Berg u. seine Gattin Margarete bestätigen dem Stift G die Zollfreiheit für alle Waren in Monheim u. innerhalb der Grenzen ihres Landes (*ab omni inquisitione et exactione thelonei in Munheim et citra in terminis nobis pertinentibus*) [NrhUB II, Nr. 445; Regest, UB G 34]. Es handelt sich mit Sicherheit um einen Landzoll [H. Mosler: Der Düsseldorfer Rheinzoll bis zum Ende des 16. Jhs. In: Beiträge zur Geschichte des Niederrheins 21 (1906), S. 98; F. Pfeiffer: Rhein. Transitzölle im Mittelalter, Berlin 1997, S. 304].

1478	Hz. Wilhelm III. v Jülich-Berg bestätigt den Bürgern u. Eingesessenen der Freiheit G Zollfreiheit an allen berg. Zollstellen zu Land u. zu Wasser für ihr Eigentum u. ihre Handelswaren [StaS: Urk. 1; G. v BELOW: Zur Geschichte der Städte in Jülich u. Berg. In: ZBGV 23 (1887), S. 198].
1478	Hz. Wilhelm III. v Jülich-Berg bittet die Stadt Köln um Rückerstattung der Zollabgaben, die das Stift G für seine Trankweine eigenen Gewächses dort zu zahlen hatte [KUSKE: Quellen II, S. 402].

III, 2 Bede, Schatz

1402	In seinem Freiheitsprivileg befreit Hz. Wilhelm I. v Jülich-Berg v Schatz, Herrendienst u. insb. v einer Steuer i. H. v 6 Weißpfennigen. Im Gegenzug hat die Freiheit dem Hz. auf Lebenszeit 30 rhein. Gulden zu Mariä Lichtmess (2. Februar), im Mai u. im Herbst zu zahlen [→ III,3].
1492	Das Schatzbuch der Freiheit G, das kleinste Beträge verzeichnet, scheint infolge der v Hz. Wilhelm III. v Jülich-Berg 1487 v seinen Untertanen geforderten Zwangsanleihe entstanden zu sein, mit der eine Restschuld aus dem Ankauf der Herrschaften Heinsberg, Löwenberg, Diest u. Sichen getilgt werden sollte [HOOGEWEG, S. 85–89; ROSENTHAL: Solingen I, S. 130; → III,9].
1514	Hz. Johann III. v Kleve-Jülich-Berg bescheinigt, dass die Freiheit G außerordentliche Landsteuer u. Bede gezahlt habe, die zur Einlösung verpfändeter Landesteile erhoben worden waren [StaS: Urk. 6; → III,9].

III, 2 Akzise

1746	8 Wirte in der Freiheit G zahlen Bier- u./oder Branntweinakzise [E. BAUMEISTER: Getränkesteuer im Jahre 1746. In: Die Heimat, Nr. 9 (1936), S. 35].

III, 3 Stadtrechtsverleihung bzw. Freiung, Privilegierungen

In die folgende Auflistung werden auch Privilegien für das Stift G aufgenommen, die für die Entwicklung des Ortes G wichtig waren. Die Privilegien für Stift u. Freiheit sind in mehreren Sammelbestätigungen überliefert [Stift: LAV NRW R: G, Urk. 160; ebd.: Akt 11; Freiheit: StaS: U 11; LAV NRW R: JB I 1039; ebd.: JB II 167; ebd. 423; zum Freiheitsprivileg v 1402 vgl. den folgenden Abschnitt].

1257	Gf. Adolf IV. v Limburg-Berg u. seine Gattin Margarete bestätigen dem Stift G die Zollfreiheit für alle Waren in Monheim u. innerhalb der Grenzen ihres Landes [→ III,2 Zoll].
1402 Aug 7	Hz. Wilhelm I. v Jülich-Berg verleiht G den Rechtsstatus einer Freiheit. Er befreit (*mit macht dis breiffs onße leven lanck*) die Bürger v allen Schatzungen, Herrendienst u. insb. v der Summensteuer i. H. v 6 Weißpfennigen. Der Hz. behält sich den Empfang v 30 rhein. Gulden vor, die Zeit seines Lebens in 3 Raten an Mariä Lichtmess, im Mai u. im Herbst zu zahlen waren. Er verleiht *unser freyheit ind burgeren da bynnen geßeßen gefryheit* 3 Jahrmärkte, nämlich jeweils an 3 Tagen vor u. nach Petri Kettenfeier (1. August), Mariä Geburt (8. September) u. Mariä Verkündigung (25. März) [→ II,2 Markt]. Der Landesherr bestätigt das Weinzapfrecht des Stifts G, gewährt den Bürgern der Freiheit G aber die Berechtigung, während des Herbstjahrmarktes sowie 3 Tage vor- u. nachher Wein zu verkaufen. Ansonsten sollen der Freiheit u. den Bürgern alle Rechte gewährt werden, die auch der Freiheit u. den Bürgern v Solingen, zugestanden worden sind [Original verloren; LAV NRW R: JB RuH 20, fol. 79v; Kop. (1668), StaS: Urk. 11; JB I 1039; PIEPER, S. 24; ROSENTHAL: Solingen I, S. 124–126]. Laut Freiheitsprivileg für Solingen (1374), für das das Gerresheimer Privileg (1368) Vorbild war, handelt es sich um die Rechte, den Bgm. zu wählen, den Ort zu befestigen u. ein eigenes, nach Bürger- bzw. Stadtrecht urteilendes Gericht für die Freiheit zu bilden. Der Passus *vort so haven wir der vurs: onßer vryheit ind burgeren* zu G *alle Sondage vryheit gegeven* im G.er Privileg ist nicht eindeutig. ROSENTHAL leitet daraus das Recht der G.er ab, jeden Sonntag einen Wochenmarkt abhalten zu können [NrhUB III, Nr. 754; ROSENTHAL: Solingen I, S. 117–121; R. KAISER (Bearb.): Solingen (= RhStA, V/Nr. 30), Bonn 1979, S. 6f.; H. BRANGS: Das G.er Freiheitsprivileg. In: Heimatspiegel, Nr. 6/7 (1952), S. 2–5; → II,2 Siedlungsentwicklung, Befestigung; → III,1 Gerichtsherrschaft; → III,6]. Bestätigungen: 1438, 1478, 1495, 1515, 1668.

1298	bestätigten Gf. Wilhelm I. v Limburg-Berg u. seine Gattin Irmgard dem Stift das v Gf. Adolf V. v Limburg-Berg (1259–96) verliehene Recht, eine Weinschänke in G (*taberna vini ipsius villae in G*) zu betreiben. Solange die Aussteller lebten, sollte das begünstigte Stift die Weinschänke *sub communi forma, consuetudine et libertate* wie unter Gf. Adolf behalten können [Kop. (1. Viertel 17. Jh.), UB G 52]. Die Schankkonzession für das Stift wurde 1358 zu einem lukrativen Privileg umgeformt [SIMON, S. 145], indem Gf. Gerhard I. v Jülich-Berg dem Marienkonvent das Privileg des alleinigen Weinverkaufs mit der Einschränkung verlieh, dass dieses Monopol nicht an einem der Jahrmärkte gelten sollte [UB G 120]. Nur für den Eigenverbrauch durften die Ew Wein auswärts einkaufen. Lagerhaltung u. Weiterverkauf waren verboten [SIMON, S. 121f.; ROSENTHAL: Freiheit, S. 9; ders.: Solingen I, S. 28f.]. Das Stift G verfügte über zahlreiche Weinberge u. Weinstiftungen, u. a. südl. v Bonn u. am Mittelrhein. Auch im Freiheitsprivileg v 1402 wird das Weinzapfrecht des Stifts festgeschrieben; ausgenommen ist der Jahrmarkt an Mariä Geburt (8. September) sowie 3 Tage davor u. danach [→ III,2–3; IV,2]. 1413 Bestätigung des Privilegs [UB G 171]. 1436 präzisierte Hz. Adolf VII. v Jülich-Berg das Weinzapfprivileg, das der besseren Ausgestaltung der Gottesdienstfeiern u. der Bautätigkeit [*bouwynge*] des Stifts dienen sollte: das Privileg, das nun für G u. den Umkreis einer viertel Meile Geltung besaß, verbot jedermann das *belegen, oeverstechen* und *veylhaven* v Wein an allen Tagen des Jahres, auch an den Jahrmärkten mit Ausnahme des Jahrmarkts an Petri Kettenfeier (1. August). Die Amtleute in Solingen wurden angewiesen, jetzt u. in Zukunft die Rechte des Stifts zu schützen [ebd. 219]. 1500: erneute Bestätigung des Privilegs [ebd. 321]. Die Wirksamkeit des Weinzapfprivilegs reichte bis in die Honnschaft Krautscheid u. somit in den Haaner Bereich hinein, was die Hofesleute v Hilden u. Haan 1500 als *eyn groisse beswernyß und nuhet* empfanden [HÖROLDT/RODEN IV 257; MILZ, S. 26; UB G 324]. Bes. einträglich war das Privileg für das Stift, wenn anlässlich v Wallfahrten große Pilgergruppen zu versorgen waren [Bericht J. G. v Redinghovens, 1661; UB G, S. 411]. Spätestens im 18. Jh. führte das nicht mehr als zeitgemäß empfundene Monopol zu zahlreichen Querelen mit der G.er Bürgerschaft. Das Stift hielt beharrlich an seinem Recht fest, das es auch in einem Prozess vor dem RKG verteidigte. De jure bestand das Privileg bis A des 19. Jhs., in der Realität wurde es jedoch mithilfe des dehnbaren Hinweises auf den Eigenbedarf der Bürger immer mehr durchlöchert [K. NIEDERAU: Vom Weinzapfprivileg der Kl. G. In: Anker u. Schwert. Beiträge zur Solinger Geschichte 5 (1983), S. 130–139]. Nach der Säkularisation versuchte die mit der Abwicklung des Stiftsbesitzes befasste kurfürstliche Separationskommission das inzwischen völlig unrentable Weinzapfrecht (1802 erbrachten die Gerechtsame nur 25 Rtl.) zu Gunsten der Staatskasse an den Magistrat zu verpachten, der das allerdings ablehnte; erst 1809/10 wurde das Privileg offiziell aufgehoben [LAV NRW R: Ghzt. Berg 904, 9230; J. GÜNTHER: Von der Weinzapfgerechtsame des ehem. Kl. G. In: Die Heimat, Nr. 11 (1931), S. 41f.; O. BAUERMANN: Wein nur vom Kl. Die Weinzapfgerechtsame des ehem. Kl. G. In: Die Heimat, Nr. 7 (1950), S. 27f.].
1301	Gf. Wilhelm I. v Limburg-Berg u. seine Gattin Irmgard erlassen Propst, Meisterin, Konvent v G die Herbstbede u. den Futterhafer v den Besitzungen des Stifts in G, Mondorf, Blee, Bodendorf, Reusrath, Monheim, Baumberg, Bavert, Krutscheid u. Schern; im Gegenzug verpflichtet sich das Stift zur Feier v Jahrgedächtnissen; später Ausdehnung auf weitere Besitzungen [NrhUB III, Nr. 10; RODEN I 23; UB G 53].
1309	Gf. Adolf VI. v Limburg-Berg bestätigt dem Stift alle v seinen Vorgängern erteilten Privilegien u. Schenkungen [UB G 61].
1413	Hz. Adolf VII. v Jülich-Berg bestätigt dem Stift die v seinen Vorfahren erteilten Privilegien, nämlich das Weinzapfprivileg, die Befreiung v im berg. Territorium gelegenen Gütern des Stifts v Herbstbede, Futterhafer u. allen Schatzungen gegen die Verpflichtung, Memorien zu halten [UB G 171].
1478	Hz. Wilhelm III. v Jülich-Berg bestätigt den Bürgern u. Eingesessenen der Freiheit G Zollfreiheit an allen berg. Zollstellen zu Land u. zu Wasser für ihr Eigentum u. ihre Handelswaren [→ III,2 Zoll].
1500	Privilegienbestätigung für das Stift G (Weinzapfrecht, Befreiung v Herbstbeden, Futterhaferabgaben u. Schatzungen) [UB G 32]
1513	Hz. Johann III. v Jülich-Berg bestätigt Fischereirechte [→ V,2 Fischerei]
1856 Sept 4	Verleihung der Rhein. Städteordnung v 1856 [BÄR: Behördenverfassung, S. 288]

III, 5 Siegel

1445	Neben dem Richter des Amtes Solingen mit seinem Siegel besiegeln die G.er Schöffen mit ihrem Schöffensiegel einen Grundstücksverkauf [LAV NRW R: G, Urk. 89; UB G 239, Siegel verdrückt u. unkenntlich].

1451 Der Richter des Amtes Solingen sowie Bgm., Rat u. ganze Gem. der Freiheit G bekräftigen den über die dem Eb. v Köln geleistete Eventualhuldigung ausgestellten Revers mit dem *Fryheit sigel* [LAV NRW R: JB, Urk. 861, Siegel abgefallen].

1453 Amtssiegel der Schöffen der *dincklichen banck ind gerichtes zo G* [LAV NRW R: G, Urk. 99; UB G 254; Siegel verloren]

1483 Abdruck des *scheffendoms Segel* der Freiheit G erstm. überliefert [LAV NRW R: G Urk. 106]

1505 Erneute Überlieferung des Siegels der G.er Freiheitsschöffen [ebd., Urk. 118; UB G 332]

1555 Die beiden Stadtgerichte des Amtes Solingen – Solingen u. G – bewahren ihre Siegel u. Gerichtsbücher in den Kirchen auf. Der Zugang wird dadurch gesichert, dass der Bgm. u. alle Schöffen verschiedene Schlüssel zur Archivlade besitzen [HARLESS, S. 170].

Bild: Ein nimbierter Johannes der Täufer, der in seiner linken Hand das nimbierte Lamm Gottes hält, auf das er mit seiner rechten Hand, die einen Palmenzweig hält, hinweist; Schilfrohr rechts neben der Figur (Matthäus 11,7).
Umschrift: Siegel · DER · SCHEFFEN · Ind · RAITZ ... [RE]VERODE [1505 = Rhein. Siegel III, Tafel 72, Nr. 4, irrtümlich Refrath zugeordnet; PIEPER, S. 56; LAV NRW R: AA 0284 (G, Urkk.), Nr. 106]

Gräfrath Siegel

III, 5 Wappen

1906 Das Staatsarchiv in Düsseldorf lehnt einen Wappenentwurf der Stadt G ab, der das Bild des historischen Schöffensiegels mit Anleihen an das berg. Wappen vermischt [StaS: G 678 mit Zeichnungen; BENNER/BREMES, S. 60].

1907 Annahme des Entwurfs des Elberfelder Heraldikers J. Holtmann: In einem viereckigen Schild mit schwarzsilberner Bordüre erhebt sich vor blauem Grund auf einem grünen Dreiberg ein zweitürmiges silbernes Stadttor, im Torbogen das silberne Katharinenrad, über dem Dach des Tores ein goldener Stern. Die Tortürme sind mit Kuppeln bekrönt, auf denen jeweils eine Fahne weht; über dem Wappenschild eine zinnenbekrönte geschlossene Stadtmauer mit geschlossenem Tor u. 3 Türmen [ROSENTHAL: Freiheit, S. 46; ders.: Solingen III, S. 67; H. WEBER: Vor 75 Jahren erhielt die damalige Stadt G ein Wappen. In: Heimatspiegel, Nr. 3 (1982), S. 21–24].

Gräfrath Wappen

III, 6 Gemeinde, Bürgermeister u. Rat

1419 Rentenübertragung zugunsten des Rektors des Katharinenaltars vor dem Amtmann zu Solingen, dem G.er Bgm. Johann Beitel u. einigen G.er Bürgern [UB G 184]

1432 Bei einer Rentenstiftung zugunsten des Stifts sind auch anwesend *Peter tzo der Moelen tzo der tijd burgermester to G, Teyl B[re]bach, Henken up deme Kelre und vort die burger gemenlichen tzo Greverode* [ebd. 213].

1445 Der Richter des Amtes Solingen, der G.er Bgm. Frowin zu Betelshuyss u. erstm. ausdrücklich erw. die G.er Schöffen Geirken Beytell, Peter zor Moelen, Herman Gijntman u. Henkel am Berge besiegeln eine Grundstücksübertragung [ebd. 239].

1451 *Richter* (des Amtes Solingen), *Scheffen, Rait ind gantze gemeinde der Fryheit zo G* [LAV NRW R: JB, Urk. 861]

1483 *de ersammen scheffen der vryheit zo G by namen Johann Beitel burgermeister Frowyn Schomecher Coyngin up dem keller ind Frowin an dem orde* [LAV NRW R: G, Urk. 106]

1492 Die *gansse gemeynde* zusammen mit Bgm., 4 Schöffen u. anderen namentlich erw. Bürgern zeichnen für die Anlage des Schatzbuches verantwortlich [HOOGEWEG, S. 86].

1503 Schuldverschreibung Hz. Wilhelms III. für Bgm., Schöffen u. Rat der Freiheit G [StaS: Urk. 5; LAV NRW R: G, Urk. 154]

1611 *Burgermeister, Scheffen und Vorstendere der Freyheit* G [StaS: Urk. 8]

1707 Bgm., 2 Schöffen, 4 Räte [LAV NRW R: JB IV 297, fol. 46]

1725 Bgm., *Scheffen und neu und alte Rath* [StaS: HA II-C-2]

Niederlassen konnte sich in G nur, wer nach der Ablegung des Bürgereides u. der Zahlung des Bürgergeldes in die Bürgerschaft aufgenommen worden war. Laut Bürgereid v 1720, mit dem G die sog. Düsseldorfer Formel übernahm, wurde die Bürgerschaft ausdrücklich als Solidargemeinschaft definiert [StaS: HA II-E-3; PIEPER, S. 42f.; J. GÜNTHER: Der Bürgereid der Freiheit G. In: Die Heimat, Nr. 3 (1932), S. 10f.].

Die Wahl des 1419 erstm. erw. Bgm. u. des M des 15. Jhs. gen. Rats fand stets am „Kindertag" („Fest der Unschuldigen Kinder" = 28. Dezember) statt; am gleichen Tag wurde auch der Freiheitsbote ernannt u. der gesamten Bürgerschaft die Bgm.-Rechnung vorgelegt, die der Äbtissin zur Kenntnis gebracht werden musste [1723, 1733 = StaS: HA II-C-2; ebd. HA II-A-9, fol. 18]. Wählbare Bgm.-Kandidaten mussten verheiratete Haushaltsvorstände sein, die Steuern zahlten [ROSENTHAL: Solingen I, S. 239]. Aus dem ausgehenden Mittelalter ist belegt, dass die ehem. Bgm. das Schöffenamt bekleideten. Bgm., Schöffen u. Rat bildeten den Magistrat, der unterschiedlich häufig zusammenkam: Bgm. mit altem u. neuem Rat u. Schöffen in Bürgersachen beisammen gewesen, heißt es in den Rechnungen, u. zwar fanden diese Zusammenkünfte 1725 19-mal, 1728 nur 6-mal, 1735 sogar 32-mal statt. Zahlreiche Reisen der Stadtregierung nach Solingen oder Düsseldorf sind belegt [StaS: HA II-C-2]. Die Beschlussfassung über die Niederlegung der Befestigung 1737 zeigt, dass in wichtigen Angelegenheiten neben dem Magistrat auch Grundbesitzer („Meistbeerbte") u. andere Bürger am politischen Willensbildungsprozess partizipieren konnten; dieses Verfahren wurde Bürgerbefragung gen. [→ II,2 Befestigung]. Angesichts der sich seit M des 18. Jhs. herausbildenden oligarchischen Strukturen war das spätestens in den 1770er Jahren wohl nicht mehr möglich. 1771 schlug der alte Rat die Kandidaten für den neuen Rat vor u. billigte sich selbst Vorwegstimmen zu, die es der Bürgerschaft bzw. den „Meistbeerbten" unmöglich machte, personelle Vorstellungen zu realisieren. Zudem wollte der Rat keine Rechenschaft über die Verwendung v Einnahmen leisten. E des 18. Jhs. nahmen nur zwischen 12 u. 22 Personen an den Magistratswahlen teil [ROSENTHAL: Solingen II, S. 71–73, 175; H. ROSENTHAL: Eigenartige Zustände in G. In: Die Heimat, Nr. 4 (1959), S. 15].

Seit Herausbildung einer selbstständigen reform. Gem. A des 17. Jhs. kam es sukzessive zu einer weitgehenden Verzahnung v Kirchengem. u. Gremien der Zivilgem.; J. WÜLFFING [Beschreibung der Vornehmen Handels-Städte u. Flecken Berg. Landes. In: ZBGV 19 (1883), S. 127] schrieb 1729: *Bürgermeister und Rath seynd Reformirter Religion*. Die Ratssitzungen fanden gelegentlich in der reform. Kirche statt [→ Tafel 7.10]. Lehrer u. Küster erscheinen regelmäßig als Gehaltsempfänger in den Steuerlisten der Freiheit [H. UEBERHOLZ: Die ev. Kirchengem. Solingen-G im 17. Jh. In: Die Heimat, N. F., H. 26 (2010/11), S. 100; ROSENTHAL: Solingen II, S. 72; Die Heimat, Nr. 9 (1934), S. 34; → III,6]. Das Brauhaus der Freiheit befand sich im Besitz der reform. Gem. [→ V,4]. Von 1756/57 bis 1873 standen Verwaltungsräume u. Ratszimmer im Obergeschoss der reform. Schule zur Verfügung [→ II,5 Rathaus]. 1808 setzte sich der Rat aus 3 Katholiken, 1 Lutheraner u. 20 Reformierten zusammen [LAV NRW: R Ghzt. Berg 4457].

III, 6 Bedienstete der Freiheit

1575 Bote Peter Broitz [Kop.; UB G 442]
1695 In der Bgm.-Rechnung der Freiheit G werden regelmäßig 10 Albus Jahresgehalt für den Scharfrichter (aus Ratingen) aufgeführt; desgl. erhält der reform. Lehrer 2 Rtl., 15 Albus für Schreibarbeiten [StaS: HA II-C-2]. Sicher gab es auch schon früher Bgm.-Rechnungen mit der Erw. des Scharfrichters, überliefert ist das aber erst 1695.
vor 1709 Nachtwächter [ROSENTHAL: Solingen II, S. 96]
1714 *Freyheitsbott* [StaS: HA II-E-2, fol. 7]
1715 Akzisemeister [ebd., fol. 40]
1729 *Freiheitsscriba* [StaS: HA II-B-5]
1750–91 ist Samuel Hons Lehrer an der reform. Schule u. zeitweise gleichzeitig Actuar (Gerichtsangestellter) des Magistrats, auch Freiheitsschreiber [Presbyterium der Ev. Kirchengem. G (Hg.): 400 Jahre Ev. Kirchengem. G 1609–2009, FS, Wuppertal 2009, S. 31].
1779/80 Benjamin Rütgers ist Steuerempfänger [LAV NRW R: JB IV 298].
1795 Abraham Schwab ist Freiheitsbote u. Nachtwächter [StaS: HA II-B-5].
1909/11 Städtische Beamte: 3 Stadtsekretäre, Stadtrentmeister (Stadtkasse), Rendant (Sparkasse), Gegenbuchführer, 2 Kassengehilfen, Stadtbaumeister, Gaswerksinspektor, 5 u. demnächst 6 Polizeisergeanten [VB 1909/11, S. 11]

III, 7 Zünfte

Die in G ansässigen Handwerker scheinen Mitglieder der Solinger Zünfte bzw. der gewerblichen Bruderschaften gewesen zu sein, deren Privilegien offenbar einen größeren Geltungsbereich besaßen; nachgewiesen ist das für die 1571 gegr. Bruderschaft der Messermacher des Amtes Solingen [R. KAISER (Bearb.): Solingen (= RhStA, V/Nr. 30), Bonn 1979, S. 10; → V,5].

1453 Privileg Hz. Gerhards II. v Jülich-Berg für die Schuhmacher des Berg. Landes ober- u. unterhalb der Wupper, v. a. in den berg. Städten Ratingen, Düsseldorf, Gerresheim, v. a. Solingen sowie in den Freiheiten Mettmann, Elberfeld, Burg u. G zum Schutz vor der Konkurrenz fremder Schuster auf Jahrmärkten, Kirmessen u. Heiligentrachten [F. LAU: Geschichte der Stadt Düsseldorf, 2. Abt., Düsseldorf 1921, ND 1980, S. 108, Nr. 210].

III, 7 Bruderschaften

A 14. Jh. Gründung einer Katharinenbruderschaft, der u. a. Kg. Johann v Böhmen (Kg.: 1310–46), Gf. Wilhelm v Jülich (1328–61) u. Eb. Walram v Köln (1332–49) angehören [SIMON, S. 91]. 1419 verkaufen Peter v Merckx u. seine Gattin ihr in der Freiheit G gelegenes „Putzer Erbe" an die Katharinenbruderschaft [UB G 173; → IV,2 Altäre, Vikarien]. – Pastor Johann Harspelt legt 1725 das Buch für die Mitglieder der „Bruderschaft zu Ehren der hl. Jungfrau u. Martyrin Catharina" an, die 1833 als „Todesangst- u. Katharinenbruderschaft" bezeichnet u. 1843 als „Todesangst-Bruderschaft" erneuert wird [ROSENTHAL: Solingen II, S. 344; R. SCHNEIDER BERRENBERG: G.er Kirchenschatz, Solingen 1972, S. 7; HAEK: GVA I 2196].
E 16. Jh. G gehört zum Berg. Schützenbund, 1590 Schützenfest der vereinigten Berg. Schützenbruderschaften in G, wobei mit Büchse u. Armbrust geschossen wird, 1603 erneut Berg. Schützenfest in G. Anhand der erhaltenen historischen Schützenkette lassen sich v 1818–57 in unregelmäßigen Abständen Schützenfeste nachweisen. Um 1850 offenbar Neugründung als St. Sebastiani-Georgii-Bruderschaft. In der 2. H des 19. Jhs. vermutl. Ruhen der Vereinstätigkeit. Ein aus der Bruderschaft hervorgegangener „Allgemeiner St. Sebastiani-Georgii-Sterbeverein" wird 1922 mit der Sterbekasse „Hoffnung" zu den „Vereinigten Sterbekassen in G" zusammengeschlossen. 1927–30 kurzlebige „Schützengilde G". Gleichschaltung in der NS-Zeit, 1951/52 Wiederbelebung der St. Sebastianus Schützenbruderschaft, der auch die Sterbekasse übertragen wird [400 Jahre Schützenbruderschaft in G. In: Schützenfest am 18. u. 19. August 1990 der St. Sebastianus Schützenbruderschaft 1590 Solingen-G e. V., Solingen G 1990; ROSENTHAL: Solingen II, S. 344; J. GÜNTHER: Zum G.er Schützenfest 1928. In: Solinger Tagebl. (16.6.1928); HAEK: GVA I 2196; → III,8].
1868 Gründung einer Bruderschaft vom Unbefleckten Herzen Mariae [ebd.]

III, 8 Wehrwesen (Schützen)

1603 Bgm., Schöffen, Rat u. der Schützenkönig der Freiheit G laden zum nächsten berg. Schützenfest nach G ein [W. CRECELIUS: Die Berg. Schützenfeste im 17. Jh. In: ZBGV 10 (1874), S. 78].
1695 2 Schützen u. der Freiheitsbote visitieren anlässlich der Kirmes die Wirtshäuser [StaS: HA II-C-2].
1702 Die Bürgerschaft wird zur Organisation des Wachdienstes in Rotten eingeteilt; Aufzug der beiden aus jeweils 8 Bürgern gebildeten, bewaffneten Rotten während des Jahrmarktes A August [ROSENTHAL: Freiheit, S. 32; 1750, 1774 = StaS: HA II-F-1, fol. 8, 21].
1702/17 G.er Freiheitsbote ist als Tambour der Landschützen im Amt Solingen tätig [→ III,1 Amtsträger u. Bedienstete].
Seit 1723 Junggesellen halten im Juni, später während des Jahrmarktes A August ein Scheiben- u. Vogelschießen ab [ROSENTHAL: Freiheit, S. 32].

III, 9 Stellung im Territorium

Ob G urspr. als pfalzgräfliches Besitztum M des 11. Jhs. an das Ebtm. Köln gelangt ist, lässt sich nicht belegen. Aus der Tatsache, dass 1135 in der Ersterw.urk. für G der Kölner Eb. Bruno II. v Berg dem Kölner Stift St. Ursula einen Altar stiftete, den er u. a. mit Zehnten aus der *villa* G ausstattete, kann nicht gefolgert werden, dass G zu diesem Zeitpunkt berg. Besitz war, weil in diesem Fall sicher mit der Zeugenschaft des regierenden Gf. zu rechnen gewesen wäre [SIMON, S. 32]. Bereits wenige Jahrzehnte nach der Gründung des Stifts 1185/87 begannen die Beziehungen zum berg. Herrscherhaus, das für sich Schutzfunktionen reklamierte u. den Konvent v. a. in der ersten Zeit seines Bestehens in bes. Weise förderte. 1221 schenkte der Kölner Eb. Engelbert I. v Berg dem Stift G den Hof Ehingen im Ksp. Mündelheim (südl. v Duisburg); die Erträge sollten dazu dienen, in der Stiftskirche für seinen verstorbenen Bruder Adolf zu halten [UB G 20; NrhUB II, Nr. 95]. 1229 war G Ausstellungsort einer Urk. Hz. Heinrichs IV. v Limburg-Berg u. seiner Ehefrau Irmgard [UB G 23]. 1257 erteilten Gf. Adolf IV. v Limburg-Berg u. seine Gattin Margarete dem Stift ein wichtiges Zollprivileg [→ III,2 Zoll] u. 1298 privilegierten Gf. Wilhelm I. v Limburg-Berg u. seine Gattin Irmgard erneut eine Weinschänke des Konvents, die als Vorform des äußerst lukrativen Weinzapfmonopols anzusehen ist. Weitere Privilegierungen erfolgten 1301 u. 1309 [→ III,3]. 1302 u. 1309 ist G erneut Ausstellungsort v Urkk. des berg. Herrscherhauses [UB G 54, 77]. Gf. Adolf V. v Limburg-Berg zog 1296 G dem berg. Hauskl. Altenberg vor u. ließ sich in der Abteikirche bestatten, desgleichen 1313 seine Gattin Elisabeth [SIMON, S. 119f.; L. SCHWENGER-CORDS: Die Abtei G. Begräbnisstätte Graf Adolfs V. v Berg u. seiner Gemahlin Elisabeth. In: Das Münster am Hellweg, H. 3 (1957), S. 34–42]. Gf. Adolf VI. v Limburg-Berg stiftete den 1313 erstm. erw. Katharinenaltar in der Stiftskirche u. soll auch am zwischen 1332 u. 1346 erfolgten Bau der Katharinenkapelle beteiligt gewesen sein [→ IV,2]. Mitglieder des berg. Herrscherhauses stifteten ebenfalls wertvolle Objekte des Kirchenschatzes [SIMON, S. 84; SEIDLER, S. 6]. 1435 besuchte Hzn. Elisabeth das Gotteshaus, um die Katharinenreliquie zu verehren. 1436 weilte das Hz.paar aus gleichem Anlass dort [UB G 217, 218]. 1435 war nur Elisabeth in G, im folgenden Jahr das Herrscherpaar. 1358 hieß es definitiv: *datt Gotteshauß und dat Convent zu G in der graffschaff van dem Berge* [Kop. A (17. Jh.); LAV NRW R: G, Akt 11, fol. 16].
Die Beziehungen der berg. Herrscher zur am Fuße des Abteihügels entstandenen Siedlung sind erst später greifbar. 1378 wird G in einer Auflistung mehrerer Höfe gelegen in der *grafschaff van dem Berge in dem kirspel van Walde* als Bestandteil des berg. Territoriums gen. [LAV NRW R: Jülich, Urk. 351]. 1402 erhob Hz. Wilhelm I. v Jülich-Berg den Ort, deren Bürger ihm bes. Dienste erwiesen hatten, zur Freiheit [→ III,3].
Erbrachte G 1487 für die Anleihe Hz. Wilhelms III. v Jülich-Berg ausnahmsweise 77 Gulden (Stadt Solingen 74, Ksp. Solingen 115, Ksp. Wald 50 Gulden) [StaS: Urk. 6; ROSENTHAL: Solingen I, S. 130f.; LOHMANN, S. 47] u. 1526 bei einer außergewöhnlich hohen Veranschlagung zur berg. Landessteuer 100 Gulden, so lag der Ort bei 1513 erfolgten Verteilung der Landessteuer zur Einlösung verpfändeter Landesteile mit 28 Goldgulden nur an letzter Stelle (Mülheim/Rhein 166, Elberfeld 84 ½, Mettmann u. Monheim 82, Hückeswagen 34 ½ Goldgulden) [HAUER, S. 176]. Bei der Verteilung der berg. Steuer 1543 wurde G mit 84 Gulden veranlagt (Mülheim/Rhein 300, Mettmann 260, Monheim u. Elberfeld 200, Hückeswagen 80 [BELOW I, S. 487]. 1560 zum Festungsbau in Düsseldorf: 20 Tlr. (Mettmann 46, Elberfeld 22, Monheim 19, Angermund 10 Tlr.) [ebd. I, S. 786]. 1566 zur berg. Landessteuer: 50 Goldgulden (Mettmann 156, Mülheim/Rhein 154, Elberfeld 100, Monheim 92, Wesseling 77, Angermund 28 Goldgulden) [BELOW II, S. 101; S. EHRENPREIS: Das

Hzt. Berg im 16. Jh. In: S. Gorißen u. a. (Hg.): Geschichte des Berg. Landes, Bd. 1, Bielefeld 2014, S. 235]; 1577 zur berg. Landessteuer: 48 Tlr. (Mettmann 187, Mülheim/Rhein 184, Elberfeld 120, Hückeswagen 33 Tlr.) [BELOW II, S. 293]. 1587 berg. Steuermatrikel: 100 Rtl. (Mettmann 390, Mülheim/Rhein 300, Monheim 230, Elberfeld 150, Hückeswagen u. Burg 60 Rtl. [ebd., S. 733]; 1624 zur berg. Steuermatrikel: 23 Rtl., 18 Albus, 4 Heller (Mettmann 90-48-4, Mülheim/Rhein 89-35-8, Burg 13-73-6) [MÜLMANN I, S. 326f.].

1450   Mit Ausnahme der Ämter Monheim, Miselohe u. Benrath, die Wittum u. Leibzucht der Hzn. Sophia sind, übertragen Hz. Gerhard II. v Jülich-Berg u. seine Gemahlin Sophia, da sie damals kinderlos waren, ihre Territorien Berg, Blankenberg, Sinzig u. Remagen für 104.000 Gulden dem Kölner Eb. Dietrich v Moers u. dem Erzstift Köln [NrhUB IV, Nr. 294]. Die Freiheit G ist 1451 unter den berg. Besitzungen, die auf Befehl Hz. Gerhards über die dem Eb. v Köln geleistete Eventualhuldigung diesem einen Revers ausstellen [LAV NRW R: JB, Urk. 861].

1520   In G findet eine Versammlung der berg. Städte statt, die über die Gegenfinanzierung der Zahlungen beraten soll, die Ks. Karl V. für die Belehnung Hz. Johanns III. v Jülich-Kleve-Berg verlangte [ROSENTHAL: Freiheit, S. 18].

1555   Stadtgericht G gehört zu den 5 Dingbänken des Amtes Solingen [HARLESS, S. 167].

1808–16   Mairie G (alte Freiheit G u. aus dem Ksp. Wald die Honnschaften Berg u. Ketzberg), Kanton Solingen, Arrondissement Elberfeld, Rheindepartement, Ghzt. Berg [HAUER, S. 17]

1816   Bgm. G [→ Tafel 4], seit 1856 Stadt G, Kr. Solingen, Reg.-Bez. Düsseldorf, ab 1815 Kg.reich, ab 1919 Freistaat Preußen, ab 1946 Bundesland NRW

IV Kirche, Schule, Kultur u. Gesundheitswesen

IV, 1 Erste Erw. der Stiftskirche u. späteren Pfarrkirche St. Mariä Himmelfahrt bzw. des Geistlichen

1135   *uilla G quęest in parrochia Walde* [NrhUB I, Nr. 321]

1185   Da Äbtissin Elisabeth v Vilich den gelegentlich abgehaltenen Gottesdienst in der G.er *capella infra terminos parrochie de Walde*, in der sich Zeichen u. Wunder ereignet haben, durch Gründung eines *sacrum collegium* stabilisieren will, wird die Kapelle aus dem Pfarrverband der Walder Kirche, die dem Deutzer Kl. gehört, herausgelöst (*capella illa ab astrictione parrochialis ecclesie de Walde absolveretur*); alle Ew des Ksp., die nicht zur Stiftsfamilie gehören, müssen weiterhin die Walder Pfarrkirche besuchen [NrhUB I, Nr. 497; UB G 1].

1187   *provisor* [ebd. 2] = um 1193 *p[re]positus* [ebd. 6; LAV NRW R: G, Urk. 5], der 1208–12 gleichzeitig Pfarrer v Wald ist, den das Stift G nominierte, der Deutzer Abt präsentierte u. der Domdekan investierte [SIMON, S. 129; REDLICH: Kirchenpolitik II 2, S. 328]. In einer Urk. v 1200 wird erw., dass Balduin der erste G.er Propst gewesen sei [UB G 8].

‹1191–92/93›   *ecclesia b. Marie* in G [UB G 4]

‹1208–12›   Auf Drängen des Kölner Eb. Dietrich I. kommen die Konvente G u. Deutz zu einer Übereinkunft, die dem Stift G weitreichende Rechte über die Walder Pfarrkirche sichert, die weiterhin für die Ew des Ortes G zuständig ist [UB G 12].

1427   3 Priester des Stifts erw.: Rektor des Kreuzaltars, Rektor des Katharinenaltars u. Kaplan [UB G 205]

1535   Rektor des Stifts G [UB G 378]

1791   *pastor (in Wald ut Grefrath); in parochiali Ecclesia Parthenonis in* G [HAEK: Dek. Deutz, G 5, fol. 106]

Wie die G.er Äbtissin Anna Sophia v Poseck 1780 erklärte u. ihre Nachfolgerin Josepha v Brand 1801 bestätigte, war die Walder Pfarrkirche 1590/91 v der reform. Gem. übernommen worden. Mit dem Jülich-Berg. Religionsvergleich (1672) sei die Walder Pfarrkirche samt Widemhof u. allen Pfarrrenten offiziell an die Reform. übergeben worden. Das *Ius Patronatus* indessen verblieb beim Stift G. Die in Wald u. Umgebung lebenden Kath. besuchten fortan zusammen mit den wenigen G.er Kath. die Stiftskirche. De facto besitze die Stiftskirche alle *iura parochialia*. Nach dem Tod des letzten G.er Propstes sei die Pfarrstelle geschaffen worden, für dessen Ausstattung Äbtissin u. Konvent sorgten. Die Äbtissin sah sich als patrona u. collatrix des G.er Pfarrers [LAV NRW R: Gen.-Gouv. Berg 267; ebd.: Ghzt. Berg 9224; laut UB G 385 hatte der Konvent schon 1539 seit langer Zeit keine weltlichen Pröpste, sondern Ordensleute aus dem eigenen oder anderen Orden als „Regenten, Verweser oder Patres" gehabt; Zitat aus Regest]. Nach der Aufhebung des Stifts zum 1.12.1803 wurde die Kirche zur Pfarrkirche [→ Tafel 7.2–3].

IV, 2 Patrozinium der Stifts- u. späteren Pfarrkirche St. Mariä Himmelfahrt

J. SIMON hat mit Recht die These H. ROSENTHALS zurückgewiesen, dass die Stiftskirche urspr. der *Maria Genitrix* oder *Maria Dei Genitrix* mit dem Patronatsfest am 26. Dezember gewidmet gewesen sei u. dass M des 13. Jhs. mit dem Umbau der Kirche ein Patroziniumswechsel zu St. Mariä Himmelfahrt (15. August) stattgefunden habe [ROSENTHAL: Freiheit, S. 10f.; ders.: Solingen I, S. 27f.; SIMON, S. 82f.]. Aber auch die These SIMONS, dass die Bezeichnung des G.er Stifts in den beiden Papsturkk. (1397 u. 1399) als *conventus monasterii s. Catherinae* auf „zeitweilig[en] Unklarheiten über das richtige Kirchenpatrozinium" beruhe [ebd., S. 93], verschließt die Augen vor der Tatsache, dass v A des 15. Jhs. bis ins 1. Viertel des 16. Jhs. offenbar eine Erweiterung des Marien- durch das Katharinenpatrozinium stattgefunden hat.

1187   *cenobium ad honorem Dei eiusque intemerate genetricis Marie* [UB G 2]

1189   *in honorem s. Dei genitricis* [UB G 3]

‹1191–92/93›   *ecclesia b. Marie* in G [UB G 4]

1259   *conventus S. Marie* [NrhUB II, Nr. 475]

1266   *ecclesia monasterio b. Marie* in G [Kop.; UB G 36]

1397, 1399   In 2 Urkk. des Papstes Bonifaz IX. werden Meisterin u. Konvent St. Katharinen in G erw. [gleichzeitig Kop.; UB G 156, 157] = 1430 *dat gotzhuys ind cloister sunte Katherinen to* G [UB G 211].

1427   In einem Vergleich zwischen den Konventen Gerresheim u. G heißt es: „Kl." u. Konvent Unserer Lieben Frau u. der hl. Katharina [UB G 204] = 1495 Meisterin u. Konvent des „Kl." Unserer Lieben Frau u. S. Katherinen [UB G 315] = 1495 *conventus monasterii gloriose virginis Marie ac sancte Katherine in* G [UB G 317] = 1521 *dat gemeyn convent unser leiffer frauwen ind s. Kathrynen* [UB G 353].

IV, 2 Altäre, Vikarien

Stifts- u. spätere Pfarrkirche St. Mariä Himmelfahrt

Hochaltar

1362 *Unser Frawen Altar* zu G ist mit 1 Mark aus dem Zehnten in Barl im Ksp. Wald ausgestattet [(1668) [UB G 123]. Der BMV-Altar war mit großer Wahrscheinlichkeit der bereits im 12. Jh. vorhandene Hauptaltar, bis A des 14. Jhs. vermutl. der einzige Altar in der Kirche [SIMON, S. 84].

1364 Eb. Engelbert III. v Köln gewährt allen Gläubigen, die im zu Ehren Mariens gegr. Augustinerinnenkonvent vor dem Marienbild, das in einem Kristallbehälter im Nonnenchor steht, oder vor den Reliquien in der Katharinenkapelle beten, einen Ablass v 40 Tagen [Kop. Redinghovens (17. Jh.); UB G 126; weitere Ablassgewährung: ebd. 127]. Bei diesem Marienbild, das auf dem gleichnamigen Altar stand, handelt es sich wohl um eine 1312 dokumentierte Schenkung der Gfn. Elisabeth v Geldern, früherer Gfn. v Berg, die nach ihrem Tod – wie auch schon ihr Gatte Adolf V. v Limburg-Berg – in der Kirche bestattet werden wollte [Kop. (um 1700); ebd. 63]. Die aus Byzanz stammende, später in eine barocke Strahlenmonstranz eingearbeitete Ikone, urspr. Teil eines Diptychons oder Triptychons u. noch heute im Kirchenschatz vorhanden, wird in die 2. H des 12. Jhs. datiert [H. R. UHLEMANN: Die Marienikone v G. In: Romerike Berge 24 (1974), S. 25; vgl. auch SEIDLER, S. 15]. Die Interpretation als Gründungsgeschenk des Gf. Engelbert I. v Berg (+ 1189) für den neuen Konvent [R. SCHNEIDER BERRENBERG: G.er Kirchenschatz, München 1972, S. 16] gilt heute als überholt.

1490 Die Kölner Bürgerin Irmgard v Lyskirchen bedenkt in ihrem Testament u. a. *Unser Liever Frauwen bilde zu G* mit 5 Ellen Seidentuch für einen Mantel [UB G 297], wobei unklar ist, ob es sich um eine Stiftung für die Marienikone handelt [SIMON, S. 87].

1746 Fertigstellung des barocken, Mariä Himmelfahrt geweihten Hochaltars in der Mitte des Chores, der mit dem Georgsaltar als linkem u. dem Katharinenaltar als rechtem Seitenaltar, die jeweils an den Choraufgängen aufgestellt sind, zu einer Dreiergruppe zusammengefasst ist (*altari omnipotentis Dei, et gloriosa virginis Mariae quis Genitricis, SS. Georgi Militis, Catharinae V. et 10000 Martyrum*) [SPENGLER-REFFGEN, S. 13f.; SEIDLER, S. 13; P. CLEMEN (Hg.): Die Kunstdenkmäler der Städte Barmen, Elberfeld, Remscheid u. der Kr. Lennep, Mettmann, Solingen, Düsseldorf 1894, S. 95 ‹267›; Dehio NRW I, S. 1111].

Nebenaltäre, Vikarien, Stiftungen

Agnesaltar

1303 Erw. des Festes der hl. Agnes; im Rentbuch des Stifts sind v 1552–1623 Zahlungseingänge aus der Stiftung für den Agnesaltar verzeichnet [UB G 56].

Katharinenaltar, Katharinenvikarie, Katharinenkapelle. Es wird berichtet, dass im Stift G noch im 17. Jh. der 2.7.1309 als Datum der Translation der Reliquien der hl. Katharina v Alexandrien galt [A. GELENIUS: De Admiranda, Sacra, et Civili Magnitudine Coloniae Claudiae Agrippinensis Augustae Ubiorum Urbis, Köln 1645, S. 702]. Die Wundertätigkeit der Reliquie setzte bald ein, was zu einem Aufschwung der Wallfahrt nach G führte [→ IV,7]. Allerdings endete die Wundertätigkeit bereits 1323 mit dem Tod der ersten Bewahrerin Katharina v Hückeswagen [SIMON, S. 89]. Der 1313 sicher nachgewiesene Katharinenaltar, als dessen Stifter der damals regierende Gf. Adolf VI. v Limburg-Berg angenommen wird [HERBERS, S. 59f.], u. die 1372 v Gfn. Margarete v Berg eingerichtete Vikarie sind reich dotiert worden, insb. v Mitgliedern der berg. Herrscherfamilie: Zahlreiche Rentenverschreibungen u. Stiftungen, das Ehrener Gut mit der Mühle u. umfangreichem Grundbesitz [SIMON, S. 152f., 157f.]. In der Freiheit G besaß die Katharinenvikarie E des 15. Jhs. 11 Mg, 1 Viertel, 16 Ruten Land [UB G 303]. Ein Hs des Rektors der Katharinenvikarie wird erstm. 1419 erw. [zur Lage vgl. LAV NRW R: RW Karten 1512, wobei unklar, ob mit dem früher erw. Hs identisch]. Eine Kapelle für Reliquie u. Altar wird 1354 erstm. gen. Sie wurde v der Katharinenbruderschaft wohl zwischen 1332 u. 1346 erbaut [SIMON, S. 91; ROSENTHAL: Solingen I, S. 31f.]. 1372 heißt es *up sente Catherinen elter, upme chore vur deme heyltem gelegen* [UB G 133], 1420 *up den elter, der da steit boven up sent Katharinen capellen zo G* [UB HAMMERSTEIN 695], 1442 *up sente Cathrynen choire in capellen* [UB G 226], 1536 *in capella reliquiarum in ecclesia G* [ebd. 379], 1543 *in ecclesia conventuali supradicta et in eiusdem superiori reliquiarum capella* [ebd. 390]. Auch J. G. v Redinghoven berichtete 1661, dass die Kapelle „in die Höhe" gebaut worden sei [ebd., S. 411]; die genaue Lage der Katharinenkapelle lässt sich nicht eindeutig klären. Mit Sicherheit lag die Kapelle erhöht auf einer Empore, vermutl. im Obergeschoss des Westbaus, am aber nicht im Turm [SEIDLER, S. 12f.; NUSSBAUM, S. 21; SPENGLER-REFFGEN, S.15]. Die Reliquien befanden sich laut Redinghoven in dem in eine Mauer integrierten Heiltumskasten [UB G, S. 411f.]. Blieb *S. Catharine Altar und daran gestandener Thurn* beim verheerenden Brand v 1686 als einziger Teil der Kirche noch unversehrt, so wurde die Kapelle beim Kirchenbrand v 1717 zerstört [ebd., S. 409; ROSENTHAL: Solingen I, S. 32]. Allerdings war bereits 1715 der Abriss der beiden der hl. Katharina u. dem hl. Georg geweihten Emporenkapellen u. ihr Wiederaufbau im Kirchenraum vorgesehen [NUSSBAUM, S. 25].

1312 Bei der Bezeugung eines Katharinenwunders wird ein Altar erw., mit großer Wahrscheinlichkeit der Katharinenaltar [UB G 62]. 1313 erw. man ausdrücklich den Katharinenaltar (*in altari, ubi reliquie sanctissime virginis Katerine reservantur* [HERBERS, S. 100 u. zur Datierung insgesamt S. 59f.; H. FLOSS: Nachrichten über die Aachener Heiligthümer, Bonn 1855, S. 392, 394; UB G 64]. 1314 wird eine *missa in altari b. Katherine* gefeiert [HERBERS, S. 105; H. FLOSS: Nachrichten über die Aachener Heiligthümer, Bonn 1855, S. 398; UB G 70]. Die früher übliche Datierung der Ersterw. des Katharinenaltars auf 1354 [PIEPER, S. 16; BENNER/BREMES, S. 24; ROSENTHAL: Freiheit, S. 11] ist inzwischen überholt.

‹um 1330› Hzn. Marie d'Evreux, Gattin Hz. Johanns III. v Brabant, bezeugt großes Interesse an den Katharinenwundern; auf ihre Bitte übersendet ihr der Konvent einige Stückchen der Reliquie [G. ADERS: Regesten aus dem Urkk.archiv der Hzn. v Brabant, ca. 1190–1382. In: DJb 44 (1947), S. 60f.]. 1335 nehmen Meisterin u. Konvent die Hzn. v Brabant in ihre Gebetsgemeinschaft auf [ebd., S. 63].

1354 Agnes v Kleve, Frau zu Angermund, die frühere Gfn. v Berg, stiftet dem Katharinenaltar in der Kapelle zu G eine Erbrente, welche die Beleuchtung des Altars sicherstellen soll [UB G 115; weitere Zahlungen für den gleichen Zweck 1360 = Kop, ebd. 122; 1421 = Kop, ebd. 195; 1425 = ebd. 201; 1433 = ebd. 215; 1449 = ebd. 244; 1511 = ebd. 340].

1364 Eb. Engelbert III. v Köln gewährt allen Gläubigen, die im zu Ehren Mariens gegr. Augustinerinnenstifts vor dem Marienbild oder vor den Reliquien in der Katharinenkapelle beten, einen Ablass v 40 Tagen [Kop. Redinghovens (17. Jh.); ebd. 126].

1372 Gfn. Margarete v Berg schenkt dem Konvent, insb. dem vor dem Heiligtum im Chor gelegenen Katharinenaltar eine Rente, die sicherstellen soll, dass der Vikar dieses Altars die Messe lesen kann [ebd. 133; SIMON, S. 92].

1416 Peter v Merckss u. seine Frau Gertrud verkaufen der Bewahrerin des Katharinenheiligtums u. deren Nachfolgerinnen zugunsten der Bruderschaft eine Erbrente [UB G 173].

1417 Hz. Adolf VII. v Berg überträgt sein ererbtes Patronatsrecht an dem Altar in der Katharinenkapelle unter der Bedingung an die jeweilige Bewahrerin (*conservatrix reliquiarum, Bewahrersche*) des Heiligtums, dass für die Mitglieder des berg. Herrscherhauses Memorien gehalten werden [ebd. 178].

1419 Aus Anlass einer Stiftung, die Johann v Hammerstein, seine Gattin Elisabeth u. sein Sohn Johann machen, wird das *sent Katherinen huysz* erw., wo der *pryster ind rectoir* wohnt [UB HAMMERSTEIN 690; UB G 186; 1429 = RODEN II 116: *dat huys, dat zo dem altair gehoirt*; 1431 = RODEN II 118: *in sante Catherinen huys up deme cloesterhoeve*].

1420 Heyne v der Ehren u. seine Gattin Sophie schenken dem Katharinenaltar oben in der Kapelle ihr gesamtes Gut Ehren in der Honnschaft Scheid im Ksp. Wald [UB HAMMERSTEIN 695; UB G 188].

1424 Der Kölner Eb. Dietrich v Moers bestätigt die Stiftungen, die Hz. Adolf VII. v Berg u. seine Vorfahren sowie Eberhard u. Johann v Hammerstein zugunsten des Katharinenaltars gemacht haben [UB HAMMERSTEIN 710; UB G 200].

1424 Offizial Albert Varentrap bestätigt die Schenkungen u. Ausstattungsgüter für den Katharinenaltar; er bezieht diese u. das vom Rektor innerhalb der Stiftsimmunität erbaute Hs in die kirchliche Freiheit ein u. bestimmt den Altar zur Kirchenpfründe mit dem Titel der hl. Katharina; das Präsentationsrecht erhält der Hz. v Berg als Hauptstifter; der zum Rektor Bestimmte muss Priester sein oder es innerhalb eines Jahres werden; er hat sich in G aufhalten u. darf keine andere Kirchenpfründe innehaben [ebd. 201].

1549 Hz. Wilhelm V. v Jülich-Kleve-Berg genehmigt u. bestätigt als Landesherr einen Erbtausch, den sein Rat u. Kanzler Johann Gogreve mit Meisterin u. Konvent v G als Vergabeberechtigten (*giffterschen*) des Katharinenaltars u. dem Rektor

	dieses Altars vereinbart hat [UB G 401]. 1579 berichtet Wilhelm Scheid gen. Weschpfennig, Amtmann in Solingen, seinem Landesherrn, dass es im Stift G 2 Vikarien gibt, die v der Meisterin u. den Konventualinnen vergeben werden [ebd. 453]; demnach hat im 16. Jh. ein Patronatswechsel stattgefunden.
1663	Meisterin Gertrud v Lülsdorf errichtet in der Katharinenkapelle einen Altar zu Ehren der hl. Katharina, der Hl. Drei Könige, Johannes des Täufers u. des hl. Antonius [LAV NRW R: G, Akt 11, fol. 19].
1746	Erneuerter barocker Katharinenaltar am Choraufgang wird neu geweiht [SPENGLER-REFFGEN, S. 15].
1815	Die Walder Kath. trennen sich v G u. bilden nach Erhebung ihrer Kapelle zur Pfarrkirche eine eigene Gem., für deren Unterhalt ihnen die G.er Katharinenvikarie zugesprochen wird, die zur Pfarrstelle in Wald erhoben wird [HAEK: GVA I 2199, 6498; LAV NRW R: Ghzt. Berg 9258; H. POHL: Das Pfarrarchiv der Pfarre St. Katharina Solingen-Wald. In: Die Heimat, Nr. 15 (1936), S. 58f.].

Heiligkreuzaltar

1427	Stiftungen der Eheleute Wilhelm v Ulenbroich u. Grete v Lüttelnau für die 3 Priester im Stift G: die Rektoren des hl. Kreuzaltars u. des hl. Katharinenaltars sowie den derzeitigen Kaplan [RODEN II 114; UB G 205].
1488	Messstiftung für den Kreuzaltar [ebd. 289]

Georgsaltar, Georgsvikarie, Georgskapelle

1442 stiftete Katharina vom Haus, Reliquienbewahrerin im Stift G, einen Altar in der neuen Kapelle, später auch als kleine Kapelle bezeichnet, der v einem 2. Vikar bedient werden sollte. 1443 wird erw., dass der Altar der hl. Katharina, dem hl. Georg u. den 10.000 Märtyrern geweiht sei. Redinghoven berichtet 1661 u. anlässlich eines späteren Besuchs in G, dass die kleine Kapelle, die neben der Katharinenkapelle liege, mit Glasfenstern ausgestattet gewesen sei, welche die Wappen des Kölner Eb. Dietrich v Moers u. zweier seiner Brüder sowie die Wappen der Familien v Hückelhoven, v Bernsau u. v Kalkum zeigten [UB G, S. 414; zur ungeklärten Frage der Aufstellung des Georgsaltars vgl. SPENGLER-REFFGEN, S. 15].

Ab dem Zeitpunkt, zu dem die Überlieferung für den Altar in der neuen Kapelle einsetzt, schweigen die Quellen zum Katharinenaltar für längere Zeit. Die Vermutung, dass beide Altarstiftungen in einer zusammengefasst waren, ist wahrsch. Es ist auffällig, dass in der 2. H. des 15. Jhs., als umfangreiche Bauarbeiten im Gotteshaus durchgeführt wurden, nur v der neuen u. nicht v der Katharinenkapelle die Rede ist. K. NIEDERAU hat bereits darauf hingewiesen, dass zwischen 1450 u. 1550 keine 2 gleichzeitig lebenden Vikare nachgewiesen sind. Erst im 16. Jh. erfolgte wohl die Verselbstständigung der Georgsvikarie [UB G 245, 246; K. NIEDERAU: Nachrichten über die Vikarie St. Georg in G. In: Anker u. Schwert. Beiträge zur Solinger Geschichte 5 (1983), S. 141, 143; zu den um 1800 bezifferten Einkünften der Vikarie vgl. LAV NRW R: Gen.-Gouv. Berg 267].

1442	Weinstiftung für den Altar in der neuen Kapelle [verloren, rekonstruiert; UB G 225]
1442	Die Reliquienbewahrerin Katharina vom Haus stiftet für sich u. ihre Schwester Jutta 2 Memorien; die 2 Priester, welche die beiden Vikarien *up sente Catherynen chore ind capellen verwarent*, sollen sich die Rente teilen [ebd. 226].
1442	Johann v der Munkenbeck gen. Munkert u. seine Ehefrau Katharina übertragen dem Altar in der neuen Kapelle eine Rente v 1 Malter Roggen [verloren, rekonstruiert; ebd. 227].
1443	Stiftung einer Erbrente für den der hl. Jungfrau Katharina, dem hl. Georg u. den 10.000 Märtyrern geweihten Altar in der neuen Kapelle [ebd. 232]
1443	Übertragung des Zehnts aus der Honnschaft Diepensiepen im Ksp. Mettmann an den Altar in der neuen Kapelle [verloren, rekonstruiert; ebd. 233]
1444	Übertragung v 2 Malter Roggen an den Altar in der neuen Kapelle [verloren, rekonstruiert; ebd. 235].
1444	Der Kölner Bürger Johann v Müdlinghoven u. seine Ehefrau Adelheid verkaufen der Reliquienbewahrerin Katharina vom Haus zwecks weiterer Dotierung des der hl. Katharina, den 10.000 Märtyrern u. dem hl. Georg geweihten Altars in der neuen Kapelle an der Kirche, ihren Hof zum Alten Goldberg in Ksp. u. Freiheit Mettmann [Kop. (18. Jh.); ebd. 236].
1444	Kölner Eb. Dietrich v Moers lässt den v der Reliquienbewahrerin Katharina vom Haus zu Ehren Gottes, Mariens, des Hl. Georgs, der hl. Katharina u. der 10.000 Märtyrer gestifteten u. dotierten Altar in der neuen Kapelle bestätigen. Den Nießbrauch der Eigentumsübertragungen soll der jeweilige Vikar des Altars haben, der wöchentlich 4 Messen zu lesen hat. [ebd. 237]. Das Präsentationsrecht liegt bei der Küsterin u. Reliquienverwalterin [Kop. A (19. Jh.); ebd. 238].
1447	Rektor des Altars der *cleynre capellen* erw. [HÖROLDT/RODEN III 143; Kop. (16. Jh.); UB G 242]
1450	Mit Unterstützung Hz. Gerhards II. v Jülich-Berg u. des Konvents bauen die Reliquienbewahrerin Katharina vom Haus u. der Rektor des Altars in der neuen Kapelle ein Hs für diesen im Baumgarten des Stifts. Der Rektor verpflichtet sich, jeden Monat eine Messe zu halten [ebd. 245, 246].
1579	Bericht, dass es im Stift G 2 Vikarien gibt, die v der Meisterin u. den Konventualinnen vergeben werden [ebd. 453].
1582	Der Vikar des Georgsaltars erhält 3 Tlr. u. Naturalien aus der Verpachtung des Gutes Karnap bei Hilden [ebd. 460].
1746	Mit dem Hoch- u. dem Katharinenaltar wird auch der barocke Georgsaltar fertiggestellt [SPENGLER-REFFGEN, S. 15].
1815	Der Vikar des Georgsaltars wird Hilfsgeistlicher des G.er Pfarrers. Das Hs der Georgsvikarie soll zum Pfarrhaus umgebaut werden [HAEK: GVA I 2199, 6498; StaS: HA II-L-2 Bd. 1].

Stephanusaltar

1685	Kölner Generalvikar genehmigt die Beseitigung des an ungünstiger Stelle aufgestellten Stephanusaltars [K. NIEDERAU: Nachrichten über die Vikarie St. Georg in G. In: Anker u. Schwert. Beiträge zur Solinger Geschichte 5 (1983), S. 141].

Andere Kapellen innerhalb des Stiftsbereichs

1268	Johann gen. v Werden, Propst der G.er Marienkirche, vermacht dem Konvent *ad capellam infirmarie* einen Weingarten [Kop. (14. Jh.); UB G 37].
E 17. Jh.	Stiftsarchivar Peter Keyenberg stiftet die Bußkapelle in der Konventskirche [ROSENTHAL: Solingen I, S. 298; ders.: Die kath. Geistlichen G. In: Die Heimat, Nr. 10 (1955), S. 42].
1717	Weihe einer Kapelle, in der bis zum Wiederaufbau der Kirche die Gottesdienste gefeiert werden können, vermutl. im sog. alten Stift [TORSY: Weihehandlungen, S. 215; J. TORSY (Bearb.): Der Regularklerus in den Kölner Bistumsprotokollen 1661–1825, Bd. 2, Siegburg 1985, S. 39].
seit 1964	Taufkapelle in der spätgot. Chorkapelle, die nunmehr nur durch den Kircheninnenraum zu betreten ist [SPENGLER-REFFGEN, S. 20]
1. H. 1990er-Jahre	Einrichtung einer Marienkapelle in einem Neubau an der NW-Ecke der Kirche [ebd.]

IV, 2 Kirmes- bzw. Kirchweihtermine

1402	3 Jahrmarktstermine für G im Freiheitsprivileg: Petri Kettenfeier (1. August), Mariä Geburt (8. September), Mariä Verkündigung (25. März) u. jeweils 3 Tage davor u. danach [→ III,3]
1817	Kirchweihfest am 1. August wird im kleinen Rahmen gefeiert; die 2 anderen Jahrmärkte am 25. März u. 8. September sind eingegangen [StaS: HA II-L-3, Bd. I, fol. 186].
1818	Gemäß einer Vereinbarung zwischen dem Bgm. u. dem kath. Pfarrer wird die Kirmes fortan am letzten Sonntag im August gefeiert [StaS: G 1682].

IV, 3 Patronatsherrin

Meisterin bzw. Äbtissin u. Konvent v G [→ IV,1]

IV, 3 Zehntherr

1135	Der Kölner Eb. Bruno II. v Berg schenkt dem Stift St. Ursula in Köln einen Altar, der mit 20 Schillingen dotiert ist, v denen 12 durch den Zehnten in *uilla Greuerode queest in parrochia Walde* aufzubringen sind [NrhUB I, Nr. 321]. Dieser Zehnt geht vermutl. auf Rechte zurück, die das Stift Gerresheim in der Gegend besaß. Noch im 18. Jh. hatte Hölterhoffs Gut in Nümmen eine Zinsabgabe *nach Cöllen an St. Orschels Closter* zu liefern, die vielleicht mit der 1135 erw. identisch ist [→ I,1 Grundherrschaft].
‹1208–12›	Auf Veranlassung des Kölner Eb. Dietrich treten Abt u. Konvent v Deutz dem Stift G Rechte an der Walder Kirche ab: der G.er Propst muss fortan stets dem zuständigen Archidiakon zur Einsetzung als Pfarrer in Wald vorgeschlagen werden. Stift G darf das Kirchenvermögen u. die Einkünfte der Walder Kirche in vollem Umfang nutzen. Als Ausgleich

für diesen weitreichenden Verzicht erhält die Deutzer Abtei den gesamten kleinen u. großen Zehnt aus ihrem Wirtschaftshof in Wald; die Gesamtsumme der anderen Zehnten aus dem Ksp. sollen sich Deutz u. G teilen [UB G 12; 1266 = Kop, ebd. 36; um 1588 = ebd. 478 zum Prozedere der Zehnterhebung].

1507 Kl. Deutz u. Stift G besitzen gemeinsam den großen u. kleinen Zehnt im Ksp. Wald, deren jährliche Erträge zusammen 30 Malter Roggen, 4 Malter Gerste u. 30 Malter Hafer ergeben [Kop. (17. Jh.); ebd. 336].

IV, 4 Pfarrbezirk u. Filialen

Zum sich seit der Reformation de facto ausbildenden G.er Pfarrbezirk gehörten auch die in den Ksp. Wald, Haan u. Sonnborn (Honnschaften Itter, Scheid, Limmighoven, Boverath, Schmitten, Barl, Flachsberg, Ketzberg) lebenden Kath. [FABRICIUS: Atlas V 1, S. 102]. Der Pfarrer wurde zur Versorgung seiner Pfarrei v den beiden G.er Vikaren u. einem Franziskanerpater aus Hardenberg (Neviges) unterstützt [StaS: HA II-J-1]. Heute gehört St. Mariä Himmelfahrt zur Kirchengem. St. Clemens Solingen.

1780 Die G.er Äbtissin Anna Sophia v Poseck initiiert den Bau einer Kapelle in der heutigen Heukämpchenstr. in Wald auf dem Grundstück des Deutzer Fronhofs (1830 Wohnhaus, 1908 Abriss); mit Renten i. H. v 60 Rtl. bestiftet. Bis 1816 Filialkirche v G, der nach der Verselbstständigung die Einkünfte u. Stiftungen der Katharinenvikarie des Stifts G überwiesen werden. 1831–33: Bau der Pfarrkirche St. Katharina an der Weyerstr. [LAV NRW R: JB, VI 53, fol. 155–157; ROSENTHAL: Solingen II, S. 28; R. KAISER (Bearb.): Wald (= RhStA, V/Nr. 36), Bonn 1980, S. 8].

1855 G.er Pfarrer richtet in Sonnborn eine Kapelle ein; 1876: Errichtung der kath. Kapellengem. Sonnborn (St. Remigius), zu der auch Vohwinkel gehört, als Filialgem. v G [LAV NRW R: LA Solingen 457]; 1887: Erhebung der Kapellen- zur Pfarrgem.; 1901: Abtrennung v Vohwinkel [Handbuch des Ebtm. Köln, Bd. 1, Köln 1966, S. 379].

1956 Bildung der Rektoratspfarre St. Michael in Central aus Teilen der Pfarrbezirke v G, Wald u. Mangenberg; 1958: Einweihung der kath. Pfarrkirche St. Michael an der Schlagbaumer Str. (Architekt: Bernhard Rotterdam); 1976: Konsekration

IV, 4 Kapellen

Ägidiusklause

Zu einem unbekannten Zeitpunkt wurde an dem Weg nach Roßkamperhöhe auf Stiftsgrund eine kleine dem hl. Ägidius geweihte Waldkapelle errichtet [H. BRANGS: G.er Bürgermeister u. Ärzte. In: Die Heimat, Nr. 3 (1951), S. 7; 1830 = *Egidius Klause*, *An der Klause*, StaS: HA II-B-15]. Ob die bereits 1330 erw. Flurbezeichnung *apud Clusam* mit dieser Kapelle in einem Zusammenhang steht, muss offen bleiben [Transsumpt; UB G 86].

Hauskapelle im Herz-Jesu-Kl. [→ IV,5]

1922 richten die Barmherzigen Schwestern vom hl. Augustinus im sog. Kl.hof eine Hauskapelle ein, die auch v der G.er Bevölkerung besucht wird [HAEK: GVA Solingen Überhaupt I 8; → IV,5].

IV, 4 Bistums- u. Dekanatszugehörigkeit

Erzdiözese Köln, Archidiakonat des Propstes v St. Kunibert in Köln, Dekanat Deutz, seit 1827 Dekanat Solingen

IV, 5 Klöster u. Stifte

Augustinerchorfrauenkonvent

1185 beabsichtigte die Äbtissin Elisabeth v Vilich, in einer Kapelle beim Vilicher Hof (*predium*) in G anders als bisher ständigen Gottesdienst abhalten zu lassen u. ein *sacrum collegium* zu gründen. Ein Anlass für die Neugründung waren *signa et miracula*, vermutl. Marienwunder, die sich in dieser Kapelle ereignet hatten. Vorbedingung für die Realisierung der Stiftsgründung war die Herauslösung der Kapelle, die zum Sprengel der Pfarrkirche in Wald gehörte u. für welche die Benediktinerabtei Deutz das Patronat besaß, sowie künftig aller Stiftsangehörigen aus diesem Ksp. u. die Bildung eines eigenen Konventsbezirks. Deutz sollte mit jährlich 3 Schillingen abgefunden werden. Die Ew (*habitantes*) des Ortes (*locus*) G mussten weiterhin die Walder Pfarrkirche besuchen, um die Sakramente zu empfangen. Am 15. Dezember gab der Kölner Eb. Philipp v Heinsberg seine Zustimmung zum Vertrag zwischen Vilich u. Deutz [UB G 1; NrhUB I, Nr. 497; REK II 1250; zur Frage, ob der G.er Konvent zu diesem Zeitpunkt bereits bestanden habe, vgl. HERBERS, S. 14–16]. Aus einer Urk. vom 31.7.1187 geht hervor, dass die Gründung des der Jungfrau Maria geweihten Frauenstifts (*cenobium ad honorem Dei eiusque intemerate genetricis Marie*) auf Vilicher Eigengut (*allodium*) mit Zustimmung des Kölner Eb. u. des Vilicher Konvents vollzogen worden war. Die Einkünfte des Vilicher Hofs in G dienten fortan dem Unterhalt der Neugründung; als Ausgleich für diesen Verlust überließ Äbtissin Elisabeth ihrem Konvent einen Weinberg in Ellenberg im Wert v 50 Mark. Das Patronatsrecht über das Stift G lag bei Vilich, wie auch insgesamt die Abhängigkeit vom Vilicher Stift sehr stark war. Geleitet wurde das G.er Stift v einer *magistra canonice religionis*, welche die Konventualinnen wählten u. die Vilicher Äbtissin bestätigte. Ihr zur Seite stand ein möglichst aus dem Kreis der Vilicher Mönche berufener *provisor*, später auch *praepositus* gen. [UB G 2]. 1189 bestätigte Eb. Philipp v Heinsberg die Stiftsgründung, die auf seine Bitte u. mit Zustimmung des Vilicher Konvents realisiert worden sei [LAV NRW R: G Urk. 2; REK II 1340]. SIMON hat mit Bezug auf diese Urk. gemeint, dass die Neugründung den Charakter eines erzbischöflichen Eigenstifts besessen habe [SIMON, S. 38f. u. ähnlich HERBERS, S. 16f.], während F. W. OEDIGER in G ein Eigenstift der Äbtissin Elisabeth v Vilich sah [Das Bistum Köln v den Anfängen bis zum Ende d. 12. Jhs., 2. Aufl., Köln 1991, S. 355; R. SCHNEIDER BERRENBERG: Vorläufige Personalliste u. Anmerkungen zur Geschichte des ehem. Augustinerinnenkl. G. In: Romerike Berge 27 (1977), S. 7 u. GIERSIEPEN, S. 223f.; zur maßgeblichen Rolle des Kölner Eb. bei der Gründung des G.er Konvents vgl. J. OEPEN: Das Berg. Land – eine Kl.landschaft? In: S. Gorißen u. a. (Hg.): Geschichte des Berg. Landes, Bd. 1, Bielefeld 2014, S. 160]. Im 12. u. 13. Jh. wird das G.er Stift als *cenobium*, *conventus*, *congregatio*, *monasterium*, später auch *cloister* bezeichnet. Erst 1234 wird in einer Papsturk. erw., dass die Konventualinnen nach der Regel des hl. Augustinus (Augustinerchorfrauen) lebten: *conventus monialium monasterii [...] ordinis s. Augustini* [UB G 26 = 1314 ebd. 69: *cenobium sanctimonialium inclusarum ordinis s. Augustini* = 1364 ebd. 126: *monasterium monialium [...] in honorem gloriosissime Marie virginis sub regula s. Augustini fundatum*]. SIMON [S. 53f.], GIERSIEPEN [S. 223] u. LÜCK [D. LÜCK: Kl.gründungen im berg. Raum bis 1185 (1187). In: ZBGV 92 (1986), S. 14–16] meinen, dass der G.er Konvent v Anfang an als Stift organisiert war.

Bereits wenige Jahre nach der Gründung hatte sich das Stift weitgehend v Vilich gelöst. Beim wichtigen, v Eb. Dietrich I. v Köln (1208–12 amtiert) vermittelten Vergleich zwischen den Konventen Deutz u. G, in dem G weitreichende Rechte an der Walder Pfarrkirche sowie alle Zehnten im Ksp. Wald zugesichert werden, spielt das Stift Vilich keine Rolle mehr [ebd. 12; → IV,3 Zehntherr]. Der G.er Konvent konnte sich bald regen Zulaufs erfreuen, wobei die Konventualinnen zumeist aus dem berg. niederen Adel u. den Kölner Führungsschichten stammten. 1218 begrenzte Eb. Engelbert I. v Köln die Größe des Konvents auf 40 Personen; eine Ausnahme sollte nur bei sehr vermögenden Aspirantinnen gemacht werden [REK III 532; zu späteren Hinweisen auf die Größe des Konvents vgl. SIMON, S. 70]. Während des Mittelalters konnte das Stift G seinen Immobilienbesitz u. die daraus resultierenden Einkünfte kontinuierlich vergrößern; dieser konzentrierte sich im Wesentlichen auf das berg. Territorium mit einem Schwerpunkt im Ksp. Wald u. insb. in G [→ III,1 Grundherrschaft]. Auch in Köln besaß der G.er Konvent wichtigen Hs- u. Grundbesitz, so seit 1614 den G.er Hof am Rheinufer in der Nähe der Goldgasse. 1579 bezog das Stift im Hzt. Berg Einnahmen i. H. v 1.372 Gulden, 18 Albus; davon stammten 446 Gulden, 3 Albus aus dem Amt Solingen, 540 Gulden, 8 Albus aus dem Amt Lülsdorf (Mondorfer Hof) u. 99 Gulden, 10 Albus aus dem Amt Monheim (Höfe in Monheim-Blee u. Umgebung) [Kop. (17. Jh.); UB G 454]. G besaß die Patronatsrechte über die Pfarrkirchen in Wald (neben konkurrierenden Rechten des Kl. Deutz), Sonnborn (bis 1536/39), Schlebuschrath, Honrath u. Gruiten. Seit dem Erwerb der Katharinenreliquie zu A des 14. Jhs. entwickelte sich G zu einem bedeutenden Wallfahrtsort [→ IV,2 Altäre u. Vikarien; → IV,7]. Der Konvent war mit wichtigen landesherrlichen Privilegien ausgestattet: 1257: Zollfreiheit für alle Waren in Monheim u. im ganzen berg. Herrschaftsbereich; 1298: Weinzapfprivileg; 1301: Befreiung v Herbstbede u. Futterhafer mit späterer Ausdehnung des Geltungsbereichs u. a. [→ III,3 Privilegien].

Zwischen 1471 u. 1473 wurde das Stift auf Befehl des Kölner Eb. Ruprecht v der Pfalz u. auf Verlangen des Landesherrn Hz. Gerhards II. v Jülich-Berg u. seiner Gemahlin Sophia durch Abt Adam v Groß St. Martin in Köln u. mehrere Prioren reformiert. Mehrere Schwestern aus dem Bonner Augustinerchorfrauenkonvent Engelthal, das zur Windesheimer Kongregation gehörte, wurden mit Zustimmung der Prioren v Windesheim u. Neuss nach G versetzt. Die Leitung des G.er Konvents scheint den Reformprozess unterstützt zu haben. G hat sich allerdings nicht der Windesheimer Kongregation angeschlossen [1471 = UB G 268; 1486 = ebd. 286; ebd., S. 329f.; Statuten ebd., S. 331–403].

Die Reformation hat das Stift G überstanden, wenn auch nicht unbeschadet. Als Konrad v der Recke u. seine Ehefrau Anna Quad 1594 ihr Testament verfassten, erfährt man eher zufällig, dass ihre Töchter Anna u. Ursula das Stift G „auf unehrenhafte u. unziemliche Weise" verlassen hatten [Kop. (17. Jh.); UB G 485, worin es auch heißt: „Ursula hat sich darin (im Kl.) sogar schwächen lassen"]. Nachdem die Ew v G u. Wald mit großer Mehrheit den protestantisch-reform. Glauben angenommen hatten u. die Walder Pfarrkirche, für welche die Leiterin des G.er Konvents das Nominationsrecht besaß, eine ev. Kirche geworden war, wurde die G.er Stiftskirche zum Orientierungspunkt für die in den Ksp. Wald, Haan u. Sonnborn verbliebenen Kath. [→ IV,1]. Seit dem A des 17. Jhs. scheint sich der Konvent zu einem freiadligen Damenstift entwickelt zu haben. Bei den Recherchen zum Religionsstatus im berg. Land (1670/71) wird zu G vermerkt: *Nobile monasterium virginum canonissarum regularium S. Augustini* [LAV NRW R: JB II 368 I]. 1801 bezeichnete die Äbtissin Josepha v Brand ihren Konvent als *freyadliches Regulair Augustinessen Kloster* [ebd.: Ghzt. Berg 1760]. 1802 lebten noch 10 Personen im Konvent, der am 1.12.1803 aufgehoben wurde [ebd. 904] [SIMON, passim; GIERSIEPEN, S. 223–227; HERBERS, passim; D. LÜCK: Kl. gründungen im berg. Raum bis 1185 (1187). In: ZBGV 92 (1986), S. 1–17; R. SCHNEIDER BERRENBERG: Vorläufige Personalliste u. Anmerkungen zur Geschichte des ehem. Augustinerinnenkl G. In: Romerike Berge, Nr. 26 (1977), S. 1–11].

Baugeschichte der Stifts- u. späteren Pfarrkirche St. Mariä Himmelfahrt

1185 stand beim auf einem Felssporn über der Siedlung G liegenden Hof des Stifts Vilich eine *capella*, in der sich Marienwunder ereigneten, die aber nur gelegentlich für Gottesdienste genutzt wurde [UB G 1]. Als Ergebnis der Bauuntersuchungen v 1990 wird ihr Standort im Mittelschiff der späteren Stiftskirche vermutet.

Da die Äbtissin Elisabeth v Vilich 1185 beabsichtigte, regelmäßig stattfindende Gottesdienstfeiern einzuführen u. ein *sacrum collegium* zu gründen, das 2 Jahre später als existierend erw. ist, wird die Bauzeit für den rom. Gründungsbau auf nach 1187 bis A des 13. Jhs. zu datieren sein. Südl. des ausweislich der Grabungsergebnisse v 1990 gleichzeitig erbauten Stifts entstand eine dreischiffige, gewölbte Pfeilerbasilika mit Obergaden u. einer Mittelschiffempore, v der aus man die Seitenemporen betreten konnte. Das Mittelschiff war 5,72 m, die Seitenschiffe 2,86 m breit. Die 3 Doppeljocheinheiten des Langhauses waren demnach im gebundenen System u. die Anlage insgesamt achsensymmetrisch konzipiert. Ein Westturm existierte nicht. Im frühen 13. Jh. [NUSSBAUM: Stiftskirche, S. 4] oder im 2. Viertel des 13. Jhs. [KUBACH/VERBEEK: Baukunst I, S. 332] erhielt die Kirche einen dreischiffigen, zweigeschossigen, seitlich über das Langhaus hinausragenden Westbau, der vielleicht eine Giebelbekrönung aufwies [ebd.].

In der 2. H des 15. Jhs. wurde die rom. Basilika zu einer zweischiffigen got. Hallenkirche mit Emporen u. Doppelchoranlage umgebaut. 1476 befreite Hermann v Hessen, Gubernator u. späterer Eb. v Köln, das Stift G an den erzbischöflichen Zollstationen Andernach, Linz u. Bonn v Zollzahlungen auf Baumaterial, das für die G.er Kirche bestimmt war [LAV NRW R: JB I 836, fol. 33; gleichzeitig Kop.; UB G 274]. 1490 vermachte Irmgard v Lyskirchen dem Stift 10 oberländische rhein. Gulden zur Vollendung des Kirchenbaus [ebd. 297]. Die Kirche wurde vergrößert, indem das südl. Seitenschiff u. die Choranlage abgerissen u. das südl. Seitenschiff auf die Breite des bestehenden Mittelschiffs erweitert wurde. Da die südl. Mittelschiffwand erhalten blieb, bestand der Bau aus nun jeweils 2 5,72 m breiten Schiffen. Das nördl. Seitenschiff wurde weiter benutzt. Beide äußeren Seitenschiffwände erhöhte man ebenso wie die Westfassade, was eine Anpassung der Dachformen nach sich zog. E des 15. Jhs. entstand an der SO-Seite der Kirche eine zweigeschossige Polygonkapelle.

Nach den verheerenden Bränden (1686 u. 1717) erfolgte die Überformung des bestehenden Bauwerks zu einer einschiffigen, barocken Hallenkirche mit fünfseitigem, breitem Chorabschluss, Mansarddach u. achteckigem Dachreiter mit birnenförmiger Haube. Vermutl. 1728 wurde die Kirche erneut geweiht [TORSY: Weihehandlungen, S. 215].

Die barocke Westempore, wo heute die Orgel installiert ist, wurde 1837 verkleinert. M des 19. Jhs. wurden unter der Leitung v Vincenz Statz Restaurierungsarbeiten durchgeführt, 1878 die Westfassade mit Portal durch Gerhard August Fischer überformt (Reromanisierung). Seit den 1960er-Jahren bis 1994 erfolgte eine umfassende Restaurierung. [SPENGLER-REFFGEN, passim; KUBACH/VERBEEK: Baukunst I, S. 332; DEHIO NRW I, S. 1110–1112; P. CLEMEN (Hg.): Die Kunstdenkmäler der Städte Barmen, Elberfeld, Remscheid u. der Kr. Lennep, Mettmann, Solingen, Düsseldorf 1894, S. 265f.; I. ACHTER: Solingen-G. Anmerkungen zum rom. Westportal der kath. Pfarrkirche. In: Denkmalpflege im Rheinland, H. 1 (1987), S. 9f.; W. GEIS: Solingen-G. Das Portal der Pfarrkirche St. Mariä Himmelfahrt – ein Beispiel für kreative Denkmalpflege. In: Denkmalpflege im Rheinland, H. 4 (1990), S. 34–37; → Tafel 7.2–3].

Baugeschichte der Stiftsgebäude

Über die um 1187–1200 erbaute Stiftsanlage, die sich nördl. an die Kirche anschloss u. v der keine Spuren geblieben sind, ist nur wenig bekannt. Neben dem Klausurgebäude werden einige Bauten gen.: 1135 der Stiftshof *(uilla)*, damals noch im Besitz des Stifts Vilich [NrhUB I, Nr. 321], 1241 u. 1257 eine Krankenstube *(domus infirmarie)* [→ IV,6]. Ob die 1298 erw. Weinschänke *(taberna vini ipsius villae)* damals bereits im „Steinhaus" untergebracht war, lässt sich nicht klären [→ III,3; V,4]. Stiftspropst Winrich ließ 1305 ein Brauhaus u. ein anderes Hs neben der Küche *(domus iuxta coquinam)* errichten u. die Dächer der Klausurgebäude u. des „Steinhauses" *(domus lapidea)* erneuern [UB G 57]. Die in der Heimatliteratur seit PIEPER [S. 59f.] mehrfach tradierte These, dass die ersten Konventsgebäude etwas weiter nordöstl. v den späteren lagen, hat R. SCHNEIDER BERRENBERG überzeugend widerlegt; das „alte Kl.", an dem diese These festgemacht wurde, war vermutl. eine provisorische Unterkunft für die Konventualinnen während der Neubauarbeiten v E des 17. bis A des 18. Jhs., später als Wohnung des Försters, Militär-Lazarett u. Scheune genutzt u. nach 1829 abgerissen [R. SCHNEIDER BERRENBERG: Das sog. „alte Kl." in G. In: Die Heimat, Nr. 38 (1976), S. 5f.; SIMON, S. 108; zur genauen Lage vgl. den 1806 erstellten „Kl.plan" v P. J. Esser, LAV NRW R: Ghzt. Berg 4965, fol. 37; → Tafel 5]. Südl. der Kirche befand sich der Friedhof für die Konventsangehörigen, im geschlossenen Kreuzgang u. der Nordseite der Kirche ein Zugang zum nach 1800 zugeschütteten Totenkeller [Ocular-Entwurf des Kl. G, des Hofraums, Gartens u. der Nebengebäude 1805; ebd. 9226 [→ Tafel 5.2]. Beim Stadtbrand v 1686 wurden auch die Stiftsgebäude zerstört. Ausweislich eines Maueransatzes im sog. Wohntrakt der Äbtissin waren die Aufbauarbeiten 1704 abgeschlossen. Es entstand im O ein langgezogenes, neunachsiges Gebäude im Barockstil, das mit einem Walmdach geschlossen war u. an das sich seitlich vorspringende Risalite v jeweils 3 Achsen anschlossen. Ost-, Nord- u. Westflügel der Konventsgebäude sowie die Kirche im S gruppierten sich um einen Innenhof [PETERS: Spaziergänge, S. 22f.; → Tafel 5.1–2; Karte mit Abtei G u. der unmittelbaren Umgebung v Landmesser P. J. Esser (1806); LAV NRW R: Ghzt. Berg 4965]. Nach der Säkularisation 1803 standen die Stiftsgebäude lange leer u. verfielen v. a. infolge v Feuchtigkeitsschäden rasant [ebd. 4965, fol. 1]. Ein schneller Verkauf der Bauten u. die v der Domänenverwaltung angestrebte Nutzung als Fabrik ließen sich nicht realisieren [ebd. 771, 9224]. Nach 1815 ist der Westflügel abgebrochen u. durch einen Neubau ersetzt worden; hier waren 1822–93 ein Landwehrbataillon, das Bezirkskommando sowie das Zeughaus untergebracht [ROSENTHAL: Freiheit, S. 40; H. BRANGS: G.er Landwehr-Bataillon u. Bezirkskommando G. In: Die Heimat, Nr. 7 (1955), S. 31; → Tafel 1.1]. Weitere Nutzungen: nach 1816 kath. Schule, Wohnungen des Lehrers u. Pfarrers [StaS: HA II-L-3 Bd. 1, fol. 3], 1898–1927 Staatliche Erziehungsanstalt für kath. Mädchen, 1936 „Führerschule", 1946–75 Altersheim, 1941–87 Stadtarchiv u. nach grundlegendem Umbau durch Josef Paul Kleihues seit 1991 Deutsches Klingenmuseum [→ Tafel 1.2; 3.3; 8].

Sonstige klösterliche Niederlassungen

1439   Terminarius der Kölner Frauenbrüder (Karmeliter am Waidmarkt) erhält v Meisterin u. Konvent G eine Hofstatt am Kirchhof [→ Tafel 5.1], auf der ein Hs errichtet ist; auch E des 15. Jhs. sind noch Karmeliter in G nachgewiesen [UB G 223; 1450 = ebd. 245].

1903   Die Genossenschaft der barmherzigen Schwestern nach der Regel des hl. Augustinus (Cellitinnen) aus dem Mutterhaus in Neuss gründen im heutigen sog. Kl.hof eine Niederlassung (Herz-Jesu-Kl.). Die 3, höchstens 4 Schwestern widmen sich der ambulanten Krankenpflege, der Pflege v alten u. gebrechlichen Menschen in einem Pfründehaus u. gründen eine Handarbeitsschule; 1912: Übernahme der Kinderheimleitung *für sittlich gefährdete Kinder katholischer Konfession*; 1922: Altersheim u. Genehmigung zur Einrichtung einer Hauskapelle, die auch v der G.er Bevölkerung besucht wird [HAEK: GVA Solingen Überhaupt I 8; LAV NRW R: Reg. Düsseldorf 29782; StaS: G 1227].

IV, 6   Hospitäler, Krankenhäuser, Ärzte u. Apotheker

IV, 6   Hospital, Gasthaus, Krankenhaus

1241   Der Kölner Dompropst u. Archidiakon Konrad stellt Gelder *ad necessitatem infirmarie* zur Verfügung [UB G 29]; 1268 wird eine *capella infirmarie* erw. [Kop. (14. Jh.); ebd. 37].

1492   Erw. eines *gasthuys* im G.er Schatzbuch [HOOGEWEG, S. 87, 89]

1915   Die Städte G, Solingen, Wald u. Höhscheid gründen in Wald an der heutigen Frankenstr. ein gemeinsames Krankenhaus, das E der 1920er-Jahre 350 Betten hat [E. Becker: Die Eingemeindungsfrage in Kr. Solingen, Diss. Köln 1930, S. 61; StaS: G 1478–81; A.-L. Weise: Anfänge des Krankenhauswesens in Solingen im 19. Jh. In: Die Heimat, N. F., H. 17 (2001), S. 12–18], heute Städtisches Klinikum Solingen.

IV, 6 Ärzte, Hebammen

1716–36 Johannes Theodorus Stehemann praktiziert als Chirurg in der Freiheit G [StaS: HA II-B-5].

1738 Als Reaktion auf eine Verordnung der kurfürstlichen Regierung vom 24. März, mit der schärfer gegen Kurpfuscher vorgegangen werden soll, fordert Conradus Herbertz, Bgm. v G, mehrere Personen auf, innerhalb v 14 Tagen ihre Approbationsurkk. vorzulegen. Nur die Chirurgen reichen den Berechtigungsschein ein, die Hebammen bitten um Aufschub [ebd. HA II-A-7; E. Baumeister: Verordnungen gegen die Kurpfuscher vor 200 Jahren. In: Die Heimat, Nr. 19 (1933), S. 75f.].

1738 Dr. Christian Poel (Bool), der zunächst als Arzt im Stift arbeitet, lässt sich in der Freiheit G nieder, behandelt innere Krankheiten, ist aber auch als Chirurg tätig; im gleichen Jahr erhält Johann Wilhelm Schlickum die Approbation als Chirurg in G [Rosenthal: Solingen II, S. 82f.].

seit 1767 Approbierter Chirurg ist Samuel v den Steinen, der in Straßburg Medizin studiert hat [StaS: HA II-A-12 fol. 24]. Sein Sohn Johann Abraham (1770–1814) ist seit 1789 ebenfalls Wundarzt u. Geburtshelfer in G; er besitzt auch die Berechtigung, Impfungen vorzunehmen [Rosenthal: Solingen II, S. 83; H. Brangs: G.er Bürgermeister u. Ärzte. In: Die Heimat, Nr. 3 (1951), S. 7; LAV NRW R: Gen.-Gouv. Berg 2150 II; ebd.: Ghzt. Berg 11404].

1809 Neben dem Wundarzt A. v den Steinen sind die beiden approbierten Hebammen Maria Anna Zündorf u. Maria Christina Schwab, der Metzger Peter Eickholtz als *Vieharzt* u. 2 *Balbirer* in G tätig [ebd.].

Dr. Friedrich Hermann de Leuw (1792–1861) erhielt zunächst an der Medizinischen Akademie in Düsseldorf eine Ausbildung als Wundarzt u. kam 1814 als Bataillonschirurg in preußischen Diensten nach G. Als der G.er Arzt A. v den Steinen im selben Jahr starb, erhielt de Leuw E 1814 seine Zulassung als Wundarzt 2. Klasse in G. Die baldige Spezialisierung als Augenarzt (insb. Behandlung des Trachoms, damals als „Ägyptische Augenkrankheit" bekannt) stieß bei den Vorgesetzten auf Kritik [LAV NRW R: Gen.-Gouv. Berg 2261]. 1823 Promotion an der Universität Gießen in Chirurgie, Geburtshilfe u. Augenheilkunde, bald darauf in Innerer Medizin, 1825 Medizinalrat, ab 1844 Hofratstitel, 1850 Obermedizinalrat (Hannover). De Leuw betrieb mit enormem Erfolg u. in Zusammenarbeit mit dem Optiker Rudolf v Brosy u. der örtlichen Apotheke eine „Privat-Heil-Anstalt für Augenkranke", die zahlreiche Patienten aus dem In- u. Ausland anzog; es kamen v. a. Engländer (Reiseführer „The great Oculist, or all about Graefrath", London [1850]), zudem Holländer, Franzosen u. Russen. Zahlreiche Prominente, auch aus adeligen Kreisen, waren unter den Patienten de Leuws. G entwickelte sich zum Kurort. Der Tod de Leuws 1861 beendete diese positive Entwicklung [R. Tewes: Der Preußische Augenarzt Friedrich Hermann de Leuw u. seine Praxis in G, Wuppertal 1985; J. Hoppe: F. H. de Leuw, der G.er Augenarzt, Elberfeld 1895; E. Schnitzler: Friedrich Hermann de Leuw. In: Die Heimat, Nr. 15 (1932), S. 57f.; J. Stohlmann: Dr. Friedrich Hermann de Leuw (1792–1861) u. die Augenheilkunde in seiner Zeit. In: Die Heimat, N. F. H. 10 (1994), S. 23–26].

1816 In der Samtgem. G sind keine ausgebildeten Tierärzte tätig. Bei Erkrankungen v Rindern wird ein Metzger hinzugezogen, um die Heilung v Pferden kümmern sich 2 Hufschmiede [StaS: HA II-L-3 Bd. 1, fol. 48a].

1830 Dr. Friedrich Wilhelm Wette ist Bataillonsarzt in G, Franz Kemmer pensionierter Bataillonsarzt [O. Bauermann: Ärzte, Wundärzte u. Geburtshelfer. In: Die Heimat, Nr. 13 (1949), S. 47].

1840 Dr. Carl Constantin Spiritus ist praktischer Arzt u. Wundarzt [ebd.].

1859 3 praktische Ärzte, 2 Hebammen [StaS: G 2241]

1862 Dr. v de Wall praktischer Arzt u. Geburtshelfer [ebd.; hier auch zu den praktischen Ärzten 1869–83]

1865 Dr. Friedrich August Guisbert Kley erhält das Recht zur Verwaltung einer Kreisphysikusstelle, tritt dann aber in den Militärdienst ein [ebd.].

1868 1 praktischer Arzt, 3 Hebammen, 3 private Kranken-Auflagen, 1 private Badeanstalt (scheint bald eingegangen zu sein), 1 Sanitätskommission [StaS: G 2242]

1880 1 praktischer Arzt, 4 Hebammen [ebd.]

1899 Einrichtung einer ärztlichen Kontrolle der Schulkinder [VB 1905/06, S. 38].

1907 Der praktische Arzt Dr. Heimerdinger gründet eine Sanitätskolonne des Roten Kreuzes in G [VB 1907/08, S. 81].

um 1970 11 Ärzte, davon 2 Zahnärzte

IV, 6 Apotheke

1738 Arnold Heinrich Leucken, der offenbar als Apotheker in G tätig ist, holt auf Druck der Regierung sein Apothekerexamen nach, was ihn erst zur Ausübung seines Berufs berechtigt [StaS: HA II-A-7]. Bald danach gibt Leucken die Apotheke an Christoph Forell ab, ihm folgt 1750–59 Johann Drenge u. 1759 bis nachweislich 1769 Johann Elberhard Böcking. 1781 wird Johann Vietor als Apotheker gen. Noch vor 1809 wurde die Apotheke geschlossen [H. H. Ingendoh: Zur Geschichte des Apothekenwesens auf dem Gebiet des Hzt. Berg v den Anfängen bis zur Einführung der Personalkonzession im Jahre 1894, Marburg/Lahn 1984, S. 411–413].

1818 Die königliche Regierung in Düsseldorf lehnt die Wiedererrichtung einer Apotheke in G – selbst als Filialapotheke – ab; der Ort sei zu klein u. die Entfernung zu den Apothekenstandorten Wald, Solingen u. Haan nicht groß genug [LAV NRW R: LA Solingen 629, fol. 4, 10, 13].

1829 Karl Westhoff verlegt mit Genehmigung der Regierung seine Apotheke v Haan nach G, die seit 1835 „Löwen-Apotheke" heißt, heute In der Freiheit 21. 1849 ging die Apotheke kurzzeitig an Westhoffs Schwiegersohn August Plümacher u. 1850 an Hugo Schnabel [O. Bauermann: Apotheken u. Apotheker in Solingen. In: Die Heimat, Nr. 2 (1950), S. 5].

1855–65 Friedrich Goebel wird Apotheker in G [ebd., S. 6; Ingendoh, S. 418–420].

1881 Friedrich Goedecke übernimmt die „Löwen-Apotheke", die bis heute als „Goedecke'sche Apotheke" im Besitz der Familie ist [O. Bauermann: Apotheken u. Apotheker in Solingen. In: Die Heimat, Nr. 2 (1950), S. 6].

Heute gibt es jeweils 1 Apotheke in G und in Central.

IV, 6 Armenwesen

1610 Die ev.-reform. Gem. G verwaltet ein eigenes, v der Gem. Wald unabhängiges Armenvermögen. 1617 wird ein Gasthaus erw. [→ IV,9]. 1829 umfasst das Armenvermögen der Gem. 1.130 Tlr. [StaS: G 1430, hier auch Übersicht über die Stiftungen seit 1664, insb. den Hausbesitz].

1616 Armengärten *oben fur der pforthen* werden verpachtet [Roessle, S. 20]; das Grundstück wird 1663 zum reform. Friedhof umgestaltet [→ II,2 Friedhöfe].

1698 Die Erträge des v der reform. Gem. am alten Predigthaus errichteten Brauhauses (*Freyheitsbrauhauß*) sollen der Armenkasse der Gem. zugute kommen [→ V,4].

1720 Bau eines reform. Armenhauses an der Ecke Täppken/ Wuppertaler Str. [→ IV,9].

A 19. Jh. 9,7 % der Bevölkerung gehören zur Kategorie *Sich zu ernähren Unvermögende* [T. J. J. Lenzen (Hg.): Beyträge zur Statistik des Herzogthumes Berg, 2 Teile, Düsseldorf 1802/06, Anhang].

1816 Bericht des Bgm. über das Armenwesen, das in Händen der kath. u. der reform. Gem. liegt: Als das G.er Stift noch bestand, hat dieses eine wöchentliche Armenspende abgehalten. Um diese Leistungen aufrecht zu halten, stellt der Fiskus 52 Rtl. jährlich zur Verfügung. Ansonsten werden die Armen beider Konfessionen durch ehrenamtlich durchgeführte Sammlungen unterhalten. Das kath. Armenhaus befindet sich in einem guten Zustand [StaS: HA II-L-3 Bd. 1, fol. 124–126]. Die kath. Armenverwaltung umfasst neben G auch Sonnborn u. Oberhaan [StaS: G 1431].

1820 Erwerb eines 2. Armenhauses durch die ev. Gem. am Kirchhofswall; 1858 Verkauf dieses Gebäudes u. Unterbringung der ev. alten Menschen im kath. Herz-Jesu-Kl. [→ IV,5]

1829 260 Personen sind in der Bgm. G unterstützungsberechtigt, 14 v ihnen leben im Armenhaus, 33 erhalten Gelder aus der ev. Armenkasse G, 86 aus der ev. Armenkasse Wald, 73 aus der kath. Armenkasse (die kath. Armenkasse ist wohl für einen größeren Bezirk zuständig) [StaS: 1430].

1843 Einführung einer regulären Armenverwaltung der bürgerlichen Gem.; kirchliche Einrichtungen bestehen weiterhin [ebd.]

1854 Gründung der „De Leuw-Stiftung für arme Kranke" durch G.er Bürger. 1864 betrug das Stiftungsvermögen 5.000, 1895 6.500 Tlr. 1895: Statuten; 1910 Erneuerung der Statuten, nach denen die Stiftung als städtischer Fonds geführt wird: 78.869 Mark Stiftungsvermögen. 1948 letztmalig als selbstständige Stiftung gen. Nach der Währungsreform wird das verbliebene Kapital mit anderen Stiftungen in die allgemeinen städtischen Wohlfahrtsstiftungen übernommen [VB 1900/02,

	S. 12; H. Weber: Der eigentliche Stiftungszweck wurde nie erreicht. In: Die Heimat, Nr. 3 (1967), S. 11f.].
1879	1 Armenarzt in G, 1903 2 v der städtischen Armenverwaltung beauftragte Ärzte [StaS: G 1396, 1398]
1920	Einrichtung eines Wohlfahrtsamts, bestehend aus dem Zentralamt u. den Abteilungen für Jugend, Gesundheit, Kriegsfürsorge, Arbeit, Unterstützung, Bildung. In der traditionellen Armenpflege verbleiben Problemfälle [StaS: G 1414–1415].

Zum Gasthaus → IV,6 Hospitäler etc.

IV, 7 Wallfahrten

G als Wallfahrtsort

Äbtissin Elisabeth v Vilich gründete 1185–87 ein *sacrum collegium* auf Besitzungen ihres Stifts in G, weil sich in der dort bestehenden Kapelle Wunder ereignet hätten: *in qua, dum per virtutem Dei signa et miracula fieri viderentur* [1185 = UB G 1; → IV,5]. Auch in einer Urk. (1202) ist von einer Stiftsgründung infolge v Wundern in der G.er Kapelle die Rede [ebd. 10]. In einer ‹1191–1218› datierten Urk. werden ausdrücklich Marienwunder angesprochen [ebd. 17]. 1226 berichtete Caesarius v Heisterbach in seiner *Vita Engelberti*, dass im ersten Jahr nach der Ermordung des Eb. ein blinder Priester aus Sachsen an den Tatort bei Gevelsberg gekommen sei, wo er nach einem Gebet sein Augenlicht wiedergewonnen habe; er war wohl auch in G [A. Hilka: Die Wundergeschichten des Caesarius v Heisterbach III, Bonn 1937, S. 315]. 1288 gewährte Papst Nikolaus IV. allen Gläubigen, die das Stift G anlässlich der Marienfeste besuchten, einen Ablass v 40 Tagen [gleichzeitiges Regest, UB G 41]. Diese Belege, auf die Hinweis auf eine bauliche Vergrößerung der Kirche um 1250 u. die Verehrung der wertvollen Marienikone [→ IV,2 Altäre, Hochaltar] veranlassten R. Schneider Berrenberg, eine Marienwallfahrt in der Frühzeit des Stifts G anzunehmen [G.er Kirchenschatz, Solingen 1972, S. 7f.; ders.: Vorläufige Personalliste u. Anmerkungen zur Geschichte des ehem. Augustinerinnenkl. G. In: Romerike Berge (1977), S. 1]. Dieser Einschätzung ist mit Hinweis auf das Fehlen tragfähiger Belege für eine Wallfahrt vehement widersprochen worden [Simon, S. 98; insb. Herbers, S. 78f., hat die Heranziehung v Wundern als Gründungslegitimation als topisch u. Caesarius' Wundergeschichten als unrealistisch bezeichnet].
Erst die Berichte v einer wundertätigen Katharinenreliquie (1312–23) hatten zur Folge, dass sich G v.a. im 14. u. 15. Jh. zu einem Wallfahrtsort v überregionaler Bedeutung entwickelte [Simon, S. 99; Herbers, S. 79]. Aus dem Mirakelbericht v 1314 [ebd. 69] geht hervor, dass eine große Menschenmenge in der Kirche anwesend war. Mitglieder der Katharinenbruderschaft waren u. a. Kg. Johann v Böhmen, Gf. Wilhelm v Jülich u. Eb. Walram v Köln. Auch die Gff. v Sayn zog es nach G. 1435 besuchte Hzn. Elisabeth v Jülich-Berg den Wallfahrtsort, um die Katharinenreliquie zu verehren; ein Jahr später wiederholte sie die Reise zusammen mit ihrem Ehegatten [→ III,9]. Zwischen 1492 u. 1509 gab es wohl folgende Wallfahrten: 1492, 1499 u. 1509 nach G, 1493 u. 1494 nach G u. Stammheim (Marienprozession), 1494 nach Wipperfürth zur Kapelle auf dem Agathaberg, nach G u. Wermelskirchen [Aufzeichnungen eines unbekannten Pfarrers, Kop.; UB G 304]. Zahlreiche Stiftungen belegen die Anziehungskraft des G.er Katharinenheiligtums, die durch die Gewährung v Ablässen noch erhöht wurde [ebd. 125–127]. J. G. v Redinghoven berichtete 1661, dass infolge der Beliebtheit des Wallfahrtsortes zur Vergrößerung der Kirche bauliche Veränderungen am Westwerk durchgeführt werden mussten [ebd., S. 410f.]. G war auch eine der 7 auswärtigen Stationen der Aachenfahrt [H. Lepie: Die Aachenfahrt. In: Amt für rhein. Landeskunde in Verbindung mit dem Volkskunderat Rhein-Maas u. dem Niederrhein. Freilichtmuseum (Hg.): Wallfahrt im Rheinland, Köln/Bonn 1981, S. 89]. Nach dem Tod der ersten Reliquienbewahrerin Katharina v Hückeswagen (1419/20) erfuhr diese eine lokale Verehrung [Simon, S. 101; Herbers, S. 80].

G als Ausgangspunkt v Wallfahrten

1761	Anlässlich einer vermutl. neu eingeführten Wallfahrt im Juli nach Nievenheim kommt es zu Streitigkeiten zwischen dem G.er Stift u. der reform. Gem. in Haan, da die Pilger offensichtlich den Haaner Friedhof überquert hatten [AEKR: A I Ib 18].
1830	Am 4. u. 5. Sonntag nach Trinitatis: Prozession zum 3 Stunden entfernten Wallfahrtsort Hardenberg/ Neviges [HAEK: GVA I 2196]

IV, 8 Juden

1740	Metzger Joseph Isaac lebt mit seiner Familie in G [StaS: HA II-K-1, fol. 1]; er gerät 1747 mit Hunold Kratz wegen nicht bezahlter Rechnungen in Streit [H. J. Schneider: Die Mayers, jüdische Metzger in G. In: Die Heimat, N. F., H. 28 (2012/13), S. 36].
1804	In G lebt nur 1 jüdische Familie mit 6 Personen [Mülmann I, S. 327].
1810/11	20 Juden in der Mairie G [LAV NRW R: Ghzt. Berg 10205]
1815	Abraham Isaac, als *Handelsjud* bezeichnet, wird ohne Grund arretiert, nach Düsseldorf gebracht, bald aber wieder freigelassen. Nach Ausstellung eines Führungszeugnisses u. Visitierung des Reisepasses ist er in G weiterhin als Händler tätig, um seine große Familie zu ernähren [StaS: HA II-L-3 Bd. I, fol. 50].
1816	Der in G wohnende Jude Leib Meier soll eine Brüchtenstrafe zahlen, weil er seinen Hund nicht eingesperrt hat; da er aber sehr arm ist, wird ihm die Strafe erlassen [ebd. II-L-3 Bd. I, fol. 76f.].
1824	29 Juden in G, v den 1 als Handelstreibender, 1 als Hausierer u. 4 als Handwerker arbeiten [LHAK: 403/935]. Die G.er Juden besuchen die Synagoge in Solingen [LAV NRW R: LA Solingen 430 I, fol. 14].
1832–66	Die wenigen jüdischen Schulkinder besuchen die christlichen Schulen. Ein Religionslehrer ist nur 1863 u. 1866 nachgewiesen [ebd.: Reg. Düsseldorf 2634, 2639].
1843	In der Bgm. G leben 55 Juden, v denen 3 als Handwerker, 1 als Handwerkergehilfe, 2 als Handlungsgehilfen, 1 als Tagelöhner u. 1 im Gesindedienst arbeiten; 1 Familie lebt v Almosen [ebd.: Reg. Düsseldorf 374].
1845	Aus Anlass der Annahme fester, vererblicher Familiennamen werden die selbstständig tätigen Familienvorstände dokumentiert: Moses Isaac, Moses Mayer, Jonas Aron, Louise Mayer, Caroline Simon (Witwe v Abraham Isaac), Abraham Mayer, Edel Cahn (Witwe v Hirsch Cahn), Levy Mayer, Levy Samson Oster, Täubchen Hirsch (Witwe v Salomon Levy), Sara Levy, Simon Isaac, Isaac Abraham, Isaac Samuel, Benjamin Isaac [StaS: G 1154].
1845	In G leben 7 jüdische Handelsleute u. 4 Metzger [W. Bramann: Geschichte der Juden in Solingen. In: Michael Brocke (Hg.): Der jüdische Friedhof in Solingen, Solingen 1996, S. 10].
1857	1 Krämer u. Metzger, 1 Metzger, 5 Handelsleute in der Bgm. G (mit Flachsberg) [StaS: G 1154]
1858	41 Juden in G, v denen 3 als stationäre Krämer, 4 als ambulante Krämer, 2 als Handwerker arbeiten; 1 Familie empfängt Almosen [LAV NRW R: Reg. Düsseldorf 374].
1861	Konzession für die Lichterfabrik, die Abraham Mayer in der Grabenstr. eröffnen will. Mayer, der als Metzger, Händler u. Lotterieeinnehmer tätig ist, betreibt schon seit 30 Jahren in einem Hintergebäude in der Wasserstr. eine Kerzenfabrikation [H. J. Schneider: Die Mayers, jüdische Metzger in G. In: Die Heimat, N. F., H. 28 (2012/13), S. 38, 42].
1884	1 Metzger, 1 Handelsmann in der Bgm. G [StaS: G 1154]
1924	sind keine Juden in G ansässig [StaS: G 1155].

IV, 9 Reformation, Ev. Gem.

‹1588›	Es besteht vermutl. eine heimliche ev. Gem. in G [Roessle, S. 13; Rosenthal: Solingen I, S. 174].
1591	Johann Hoen aus G tritt erstm. als Gem.ältester während einer Synode auf [Simons: Synodalbuch, S. 689]; Hoen gehört 1591 auch zu der Abordnung, die den Haaner Ältesten Johann zum Güttgen maßregeln sollte, der die Lehre des Katechismus vernachlässigt habe u. *auch sonsten liechtfertigen leuten nachgelaufen* sei [ebd., S. 699].
1592	Der Walder Pastor Winand Sartorius, der auch in G predigt, wird v den G.ern auf der 13. Synode in Elberfeld wegen seiner unentschiedenen Art gerügt; die Synode beschließt, dass die G.er sich in Geduld üben sollen [ebd., S. 696f.]. Die reform. Bürger wollen indessen eher nach Cronenberg zum Gottesdienst gehen, wo der streng calvinistische Pfarrer Johann Friedrich Keppel wirkt [H. Ueberholz: Die ev. Kirchengem. Solingen-G im 17. Jh. In: Die Heimat, N. F., H. 26 (2010/11), S. 92].
1599	Johann Hansen, früher Bgm., sagt aus: die reform. Bürger v G, die zur Pfarrgem. Wald gehören, halten – nachdem ihre Zahl gestiegen war – an Sonn- u. Festtagen Gottesdienste gemäß dem Heidelberger Katechismus zunächst unter einer Linde u. dann in einem Hs ab; die Gottesdienste leitet der Walder Prediger. Auch die Stiftskirche steht gelegentlich für reform. Predigten zur Verfügung, wobei das Abendmahl vor dem linken Seitenaltar gefeiert wird [LAV NRW R: Kleve-Mark, Akt 1119; W. Harless: Zeugenaussagen betr. die reform. Gem. der Klassen Solingen u. Elberfeld vor u. nach 1609. In: ZBGV 34 (1899), S. 60]. Die Erkundigung über den Religionsstatus 1670/71 ergibt, dass die Reform. 1624 ein öffentliches *exercitium* hatten [LAV NRW R: JB II 368I].

1601 Der 3. Konvent der heimlichen Gem. tagt im Hs des Ältesten H. Müllemann in G [SIMONS: Synodalbuch, S. 783; ROSENTHAL: Freiheit, S. 20].

1609 Mit Simeon Buddäus erhält G einen eigenen Pfarrer. In der Folgezeit wird die Trennung v Wald u. die Bildung einer eigenständigen Gem. schrittweise vollzogen [SIMONS: Synodalbuch, S. 697, 777]. Buddäus wird 1611 während der Düsseldorfer Synode zum 1. Inspektor der Elberfelder Klasse ernannt, zu der auch G gehört [H. ROSENTHAL: G wollte v Wald unabhängig sein. In: Die Heimat, Nr. 6 (1961), S. 21; ROSENTHAL: Solingen I, S.182]. 1622 bietet die Amtsführung v Buddäus Anlass für eine Spaltung der G.er Gem.: ihm wird Eigenmächtigkeit u. einseitige Auswahl der Predigttexte vorgeworfen; ein Teil der Gem.mitglieder geht wieder nach Wald zum Gottesdienst [H. UEBERHOLZ: Die ev. Kirchengem. Solingen-G im 17. Jh. In: Die Heimat, N. F., H. 26 (2010/11), S. 93f.].

1610 Reform. Gem. verwaltet ein eigenes, v Wald unabhängiges Armenvermögen, das auch die Grundlage für die 1612 erstm. erw. Schule bildet; 1619: ev. Gasthaus erw. [ROSENTHAL: Freiheit, S. 21]. 1720: Bau eines Armenhauses; 1820: Erwerb eines 2. Armenhauses am Kirchhofswall, das bereits 1858 wieder veräußert wird. Die bedürftigen Senioren der ev. Gem. werden im kath. Herz-Jesu-Kl. untergebracht [ROESSLE, S. 39, 53, 64f.].

1628 Etwa 400 Gem.mitglieder in G, d.h. die Mehrheit der Bevölkerung, sind ev.-reform. Es bestand eine enge Verbindung zwischen der reform. Gem. u. den Verwaltungsgremien der Zivilgem. 1720 existiert noch eine Bank in der reform. Kirche [→ Tafel 7.10], die Bgm., Schöffen, Ratsmitgliedern u. dem Lehrer vorbehalten ist [ebd., S. 40; → III,6].

1629 Ersterw. eines Konsistoriums in G [ebd., S. 21]

1651 Erwerb eines Hs (Hs auf der Berk) als Predigthaus, für das dem G.er Stift Pacht zu zahlen ist [ROSENTHAL: Freiheit, S. 22]

1688 Nachdem der Stadtbrand neben dem Pastorat u. dem ev. Schulhaus auch das Predigthaus zerstört hatte, erfolgt der Neubau der Kirche am Markt, für den der Lehrer Caspar Bürich die Pläne liefert. Finanziert wird der Neubau durch eine Kollekte in Kleve-Mark, Jülich-Berg, später auch in der Kurpfalz u. Holland [ROSENKRANZ: Sitzungsberichte II, S. 76]. Es entsteht ein freistehender, rechteckiger, verputzter Bruchsteinbau mit verschiefertem Walmdach, das um sechseckiger Dachreiter bekrönt; um 1900 Umbau; in den 1950er-Jahren erneute purifizierende Umgestaltung [A. BRASELMANN: Der Kirchenbau des Protestantismus des 17. u. 18. Jhs. im Berg., Düsseldorf 1912, S. 25; W. GROSS: Protestantische Kirchenneubauten des 16. bis 18. Jhs. am Niederrhein u. im Berg. Land, Düsseldorf 1999, S. 147–152; Die Heimat, Nr. 9 (1967), S. 33].

1698 Errichtung eines Brauhauses der ev. Gem. anstelle des alten Predigthauses [ROSENTHAL: Freiheit, S. 26]

1716–18 Luth. in G, Wald u. zeitweise auch in Cronenberg schließen sich der Solinger Gem. an [ROSENTHAL: Solingen II, S. 27].

1748 Der für die Armenpflege zuständige G.er Provisor Becker wird beim Konsistorium angezeigt, weil er auf der Haaner Kirmes getanzt habe. Er wird suspendiert, zeigt Reue u. verspricht, sein Leben künftig zu ändern [H. UEBERHOLZ: Die ev. Kirchengem. Solingen-G im 17. Jh. In: Die Heimat, N. F., H. 26, (2010/11), S. 93].

1817 Die ev. Gem. G kommt im Austausch gegen Schöller zur Solinger Klasse [J. A. v RECKLINGHAUSEN: Reformationsgeschichte der Länder Jülich, Berg, Cleve, Meurs, Mark, Westfalen u. der Städte Aachen, Cöln u. Dortmund, Bd. 2, Elberfeld 1818, S. 469].

1834 Unionsvertrag zwischen Reform. u. Luth. in G, der 1838 durch das Konsistorium bestätigt wird [ROESSLE, S. 54].

1853 Für die englischen Patienten des Augenarztes Dr. Friedrich Hermann de Leuw wird in den folgenden Jahren in der ev. Kirche anglikanischer Gottesdienst gehalten [ROSENTHAL: Solingen II, S. 307; ROESSLE, S. 64].

1868 Die ev. Gem. Ketzberg, die zu Wald gehört, wird selbstständig. 1871–73: Kirchenbau in Ringelshäuschen in der Lützowstr.; 1911: Grenzregulierung zu G [LAV NRW R: Reg. Düsseldorf 27224; O. BAUERMANN: Ev. Kirche zu Ketzberg. In: Die Heimat, Nr. 5 (1954), S. 20; W. WENNIG: 100 Jahre Ev. Kirchengem. Ketzberg, Solingen [1967/68]. 1900/02 gehören zur ev. Gem. Ketzberg, die ca. 2.780 Mitglieder umfasst, die Ortschaften Altenfeld, Aue, Bergerbrühl (teilweise), Bimerich, Busch, Buscherfeld, Central, Dahl (teilweise), Dyck (teilweise), Donaustr., Eickholz, Flockertzholz, Ketzberg, III. Kotten, Külf, Laiken, Neuenhaus, Neuenkulle, Oben-Flachsberg, Oben zum Holz, Paashaus, Rathland, Rauenhaus, Ringelshäuschen, Schafenhaus, Scheideirlen, Schieten, Schlagbaum, Schweizerstr., Stockdum, Stöckerberg, Unten-Flachsberg u. Unten zum Holz [VB 1900/02, S. 66; → Tafel 3.1; 4; 5].

1900/02 Zur ev. Gem. G, die ca. 1.650 Mitglieder umfasst, gehören G Stadt, Bandesmühle, Bergerbrühl (teilweise), Blumenthal, Dyck (teilweise), Freudenberg, Grünewald, Grund, Heiderhof, Landstr., Mühlenbusch, Piepersberg, Steinbeck, Tummelhaus u. Ziegelfeld [ebd.; → Tafel 2.1; 3.1; 4; 6.1].

1981 Errichtung eines neuen Gem.zentrums u. Pfarrhauses an der Zwinglistr. [→ Tafel 1.2]

Die ev. Bürger v G gehören zum Kirchenkreis Solingen

IV, 10 Konfessionszahlen

1792 Zur reform. Pfarrgem. gehören 644, zur kath. 11.020 Personen [FABRICIUS: Atlas V 1, S. 102].

Konfessionszahlen				
Jahr	1804	1810	1816	1820
	Freiheit	Mairie	Bgm.	Ort	Bgm.
Kath.	320	591	617	322	613
Ev.	641[1]	1.855[2]	2.130	787	2.201[3]
Juden	6	19	28	28	27
Sonstige	·	·	·	·	·

Jahr	1832	1858	1840	1871
	Bgm.	Stadt	Bgm.	Stadt	Stadtbgm.
Kath.	879	435	1.132	976	1.208
Ev.	2.551	887	3.780	3.018	4.121
Juden	34	34	41	55	29
Sonstige	·	·	·	·	66

Jahr	1885	1895	1905	1975	1985
	Stadt	Stadt	Stadt	Stadtbezirk	Stadtbezirk
Kath.	1.375	1.604	2.357	4.745	4.589
Ev.	4.854	5.181	6.582	9.136	7.808
Juden	12	9	5	·	·
Sonstige	55	101	84[4]	3.899	4.133

Jahr	1994	2002	2012
	Stadtbezirk	Stadtbezirk	Stadtbezirk
Kath.	4.787	5.305	4.938
Ev.	6.506	6.831	5.915
Juden	·	·	·
Sonstige	5.076	7.050	7.620

[Viehbahn I, S. 45 = 1804; LAV NRW R: Ghzt. Berg 10204 = 1810; LAV NRW R: LA Solingen 331 = 1816; LAV NRW R: Reg. Düsseldorf 420 = 1820; Statistische Darstellung des Kr. Solingen, Köln 1832 = 1832; C. F. Melbeck: Statistische Darstellung d. Kr. Solingen im Anschlusse an die amtlichen statistischen Aufnahmen vom Dez. 1859, Solingen 1860, S. 5 = 1858; Statistikstelle Solingen = 1975, 1985; LHAK: 403/4190 = 1980; Stadt Solingen: Stat. Jb, S. 29 = 1994; ebd., S. 33 = 2012]

[1] davon 28 Lutheraner   [2] davon 43 Lutheraner   [3] davon 82 Lutheraner
[4] sonstige Christen

IV, 11 Schulen u. Bildungseinrichtungen

Da es mehrere Orte namens G gibt, ist es schwierig, die Zahl der Studenten aus dem berg. G zu ermitteln, welche die Kölner Universität besuchten. In Frage kommen zwischen 1417 u. 1766 ca. 12 Personen. Mit großer Sicherheit stammt der 1522 registrierte Gerl[achus] Beitel aus G, da eine Familie dieses Namens dort ansässig ist; das gleiche gilt für 2 Studenten der Jahrgänge 1758 u. 1766 [Matrikel Köln, Register; → III,6; V,5].

1665 1 Student aus G ist in Bremen immatrikuliert [T.O. ACHELIS/A. BÖRTZLER (Bearb.): Die Matrikel des Gymnasium [!] Illustre zu Bremen 1610–1810, Bremen 1968, S. 154].

1746 1 Student an der Universität Duisburg [W. ROTSCHEIDT (Hg.): Die Matrikel der Universität Duisburg 1652–1818, Duisburg 1938, S. 195]

1760 1 Student (Samuel v den Steinen, Medizin) an der Universität Straßburg [H. BRANGS: G.er Bürgermeister u. Ärzte. In: Die Heimat, Nr. 3 (1951), S. 7]

1844 u. 1850 2 Studenten aus G an der Universität Heidelberg [Die Matrikel der Universität Heidelberg, hg. v P. Hinzelmann, Heidelberg 1904 u. 1907, T. 5: S. 745, Nr. 368; T. 6: S. 119, Nr. 324]

Ev. Volksschulen

Ev. Schule in G

1612　Schulmeister im Armenbuch der reform. Gem. erw., der 18 Schüler unterrichtet. 1626 wird die „Schoell in der Beu'schen Behausung" neben dem Predigthaus gen. [ROESSLE, S. 20]. Der Lehrer, zugleich Küster u. Organist, wird zunächst vom Konsistorium, später vom Magistrat gewählt [ROSENTHAL: Solingen I, S. 197].

1686　Stadtbrand zerstört Schulhaus, Predigthaus u. Pastorat; baldiger Wiederaufbau [→ II,2 Zerstörungen, Brände].

1695　Mietzuschuss für den Schulmeister i. H. v 20 Albus (Bgm.-Rechnung); desgl. erhält dieser 2 Rtl., 15 Albus für Schreibarbeiten für die Verwaltung der Freiheit [StaS: HA II-C-2].

1703　Die G.er Äbtissin Wilhelmina Catharina v Landsberg u. die Konventualinnen verkaufen dem Konsistorium der reform. Gem. ein Grundstück für eine Lehrerwohnung in der späteren Gerberstr. hinter der neuen reform. Kirche am Markt [ebd.: G 1302 mit Lageplan; → Tafel 1.1].

1757　Neubau des Schulhauses im Anschluss an die Lehrerwohnung, Verwaltungsräume für den Magistrat im Obergeschoss [ROSENTHAL: Freiheit, S. 33]. 1823: Neubau; 1843: Fertigstellung eines Erweiterungsbaus [LAV NRW R: LA Solingen 266]. Nachdem 1873 die Verwaltung der Freiheit aus dem Schulhaus ausgezogen ist, wird dort eine 3. Klasse untergebracht [ebd. 476, fol. 14]. 1886: Fertigstellung eines 4-klassigen Neubaus der ev. Schule in der Schulstr. [ebd., fol. 82]; 1937: Abbruch des alten Schulhauses in der Gerberstr.; 1911: 2-klassiger Anbau in der Schulstr., Einrichtung eines großen Zimmers im Dachgeschoss für die Volksbücherei u. 3 weiteren Räumen zur Unterbringung v Lehru. Lernmaterialien. Im ebenfalls erneuerten Altbau wird die Lehrerwohnung untergebracht. 1938: 7-klassige Schule; 1939: Deutsche Schule; 1945: Gemeinschaftsvolksschule; 1948: wieder konfessionelle Schule; 1968: Auflösung u. Verteilung der Kinder auf andere Schulstandorte, Nutzung durch andere schulische Einrichtungen; 1982: Jugendzentrum [→ Tafel 1.2].

Ev. Schule in Stockdum

Um 1870 besuchen zahlreiche Kinder aus Stockdum die Schule in Hecken/Gem. Wald, v wo sie ausgewiesen werden sollen. Daraufhin Bildung eines neuen Schulbezirks Schlagbaum, zu dem die Ew v Schlagbaum, Neuenkulle, I., II., III. Stockdum (Bgm. G) u. Schlagbaum, Adamshäusgen u. Oben Scheidt (Bgm. Wald) gehören [StaS: G 1322]. 1879 Fertigstellung des Neubaus einer 2-klassigen Volksschule mit Lehrerwohnung an der heutigen Ecke Yorckstr./Theresienstr., 1892 Anbau eines 3. Klassenzimmers; 1899/1900: erneute Erweiterung der überfüllten Schule [ebd. 1334]. 1944: Zerstörung des Schulhauses; 1968: Grundschule Yorckstr. nach Auflösung der Volksschule Central in der Guntherstr. u. Neubau auf dem Grundstück der alten ev. Volksschule in der Yorckstr., heute Teil der Gemeinschaftsgrundschule Yorckstr. 12 u. Lützowstr. 146

Ev. Schule in Nümmen

1785　Ev. Schule besteht in Nümmen, die gemeinschaftlich v den Gem. Wald u. G unterhalten wird; 1837: Neubau. 1878 besuchen 131 Kinder aus G u. 11 aus Wald die Schule, die fortan allein in G.er Verwaltung übergeht; 1909: 3-klassig: 1888: Erweiterung; 1925: Auflösung, die Kinder besuchen fortan die Schulen in G u. Central [StaS: G 1318 u. 1341, Schulchronik].

Ev. Schule in Ketzberg

1785　Ev. Schule in Unten-Ketzberg, 1826 Neubau. Die Schule ist chronisch überfüllt. Sie wird v den Kindern der umliegenden Hofschaften besucht. 1876 war ein Neubau geplant [LAV NRW R: LA Solingen 474].

1903/04　Nach Fertigstellung der 4-klassigen ev. Schule Rauenhaus in der heutigen Lützowstr. besuchen auch die Kinder der alten Schule in Ketzberg diese Einrichtung [VB 1903/04, S. 9], heute Teil der Gemeinschaftsgrundschule Yorckstr. 12 u. Lützowstr. 146.

Ev. Schule in Central

1874　Bau einer 2-klassigen Schule in Central an der Ecke Schlagbaumer/Focher Str. [StaS: G 1322]

1904/05　Neubau einer Schule mit Lehrerwohnung an der Ecke Hagen-/Nibelungenstr., wo auch Zeichenräume für die Fortbildungsschule zur Verfügung stehen [VB 1903/04, S. 9; VB 1909/11, S. 42], 1942–51 keine schulische Nutzung, 1953 Gemeinschaftsschule Central, ab 1956 Nutzung durch die kath. Volksschule Central, die 1972 aufgelöst wird, dann Unterbringung der Hauptschule in Central

Ev. Schule in Schlagbaum (eigentlich Walder Schule (bis 1929), erst ab 1975 zum Stadtbezirk G gehörig)

1878　Einweihung der Schule an der Scheidter Str., die ab 1887 als ev. Volksschule geführt wird, bis 1903 3-klassig. 1918 werden alle westl. der Frankenstr. wohnenden Kinder an die Schule Eintrachtstr. überwiesen (später Verbindung beider Schulen). 1919 Vollsystem, 1934 Schließung, Zerstörungen im Zweiten Weltkrieg, nach 1945 Nutzung des Gebäudes durch die Handwerkskammer u. die Gewerbliche Berufsschule, ab 1963 wieder Nutzung durch die Schule Eintrachtstr., 1966 ev. Grundschule, 1968 Gemeinschaftsgrundschule, ab 1971 mehrere Erweiterungen, 2010 Grundschule Scheidter Str.

Kath. Volksschulen

Kath. Schule in G

1734　Die G.er Äbtissin Wilhelmina Catharina v Landsberg richtet vermutl. in einem Gebäude innerhalb der Stiftsimmunität eine Schule für die kath. Kinder der Freiheit ein [J. BEESE: 270 Jahre Grundschule Gerberstr. In: Heimatspiegel, Nr. 2 (2004), S. 29; W. VOM STEEG: Von der Kl.schule zur Grundschule Gerberstr. In: Unsere Schule wird 250, FS Solingen 1984, S. 7].

vor 1803　Zum Zeitpunkt der Säkularisation ist die Schule im „Steinhaus" an der „Kl.treppe" untergebracht. 1821 Verlegung in angemietete Räume. Auseinandersetzung mit den Behörden um Finanzierung der Schule: die kath. Gem. soll stärker herangezogen werden; eine staatliche Unterstützung wird zunächst abgelehnt [LAV NRW R: LA Solingen 264].

1803　Der G.er Konvent überlässt dem unvermögenden Ehepaar Wilhelm Eicher u. Anna Maria Vehr ein Grundstück am Ziegelfeld zu sehr günstigen Konditionen. Im Gegenzug soll der Erbpächter, sobald er in sein neu erbautes Hs einziehen kann, den Schullehrer u. sämtliche Kinder zu sich einladen; er muss sie bewirten sowie jährlich 1 Rtl. an die Schule senden. Alle Verpflichtungen, die Eicher eingegangen war, werden 1832 abgelöst [Monatsschrift des Berg. Geschichtsvereins 4. Jg. (1897), S. 183–185]. Neben einem Zuschuss i. H. v 40 Rtl. u. freier Logis erhält der Lehrer, der meist auch Küster ist, Heizmaterial u. gelegentlich freie Beköstigung [J. BEESE: 270 Jahre Grundschule Gerberstr. In: Heimatspiegel, Nr. 2 (2004), S. 29].

1833　Vollendung des Schulneubaus in den Pastoratsgärten am Mohrenkamp (später Gerberstr.) [LAV NRW R: LA Solingen 265, fol. 35, 137; ebd.: Reg. Düsseldorf 3625; → Tafel 1.1; 6.2]

1877　Vergrößerung des 3. Klassenzimmers. Die kath. Schule wird auch v Kindern aus (Ober-)Haan u. Sonnborn besucht [LAV NRW R: LA Solingen 479]. Da die Schule bei wachsenden Schülerzahlen weiterhin zu klein ist, wird zeitweise die ev. Schule in der Schulstr. mitbenutzt.

1939　Umwandlung in eine Gemeinschaftsschule, 1948 wieder Konfessionsschule; 1957: Bau einer Turnhalle; erneut Ausweichquartier in der ehem. ev. Grundschule Schulstr.; 1968/69: Gemeinschaftsgrundschule; 1980: Pavillon für 4 Klassen; 2009: Errichtung eines Neubaus mit Mensa, grundlegende Sanierung des Altbaus

Kath. Schule in Central

1899　Einrichtung einer kath. Schule in Central. 1904/05 Neubau der 2-klassigen kath. Volksschule Central in der heutigen Ketzberger Str. 73 mit Lehrerwohnung [VB 1909/11, S. 75]

1909/10　Erweiterung der kath. Schule: der Neubau enthält ein Schulu. das Lehrerzimmer (insgesamt 5 Räume für 6 Klassen) [VB 1909/11, S. 23]. 1933: Aufhebung, Nutzung des Gebäudes durch andere Schulen. 1959: Neugründung einer kath. Schule Central in der Nibelungenstr. 12; 1968: Städtische Grundschule Nibelungenstr. – Kath. Schule, 1972 aufgelöst.

Hauptschule

1968　Gründung einer Hauptschule, heute im Gebäude der 2013 gegr. Städt. Sekundarschule in der Guntherstr., heute Sekundarschule Central

Höhere Schulen

1869	Gründung einer Rektoratsschule im heutigen Hs Garnisonstr. 27 durch den ev. Pfarrer Karl Müller, in der Kinder bis zur Untertertia unterrichtet werden; 1889: Schließung [ROESSLE, S. 73, 90]; 1972: Gründung des Gymnasiums Vogelsang, das 1979 zusammen mit der Realschule in das neuerbaute Schulzentrum Vogelsang zieht (Stadtbezirk G).

IV, 11 Weitere Bildungseinrichtungen

1873	Unterstützt v Pfarrer Karl Müller ruft Oberstleutnant v Forstner eine Privatschule im Zeughaus im ehem. Stiftsbezirk ins Leben, die v den Behörden, denen die Einrichtung eher ein Dorn im Auge ist, als „Familienschule" bezeichnet wird [StaS: G 1228].
1890	Der ev. Arbeiter-Verein Ketzberg, den der ev. Pfarrer Karl Brachmann leitet, eröffnet in der Volksschule in Central eine gewerbliche Fortbildungsschule, die v 30 Schülern besucht wird [VB 1894/95, S. 25; StaS: G 370].
1898	Nach Ende der militärischen Nutzung der ehem. Stiftsgebäude u. deren Umbauten Unterbringung v straffällig gewordenen Mädchen im Ostflügel des ehem. Konvents als staatliche Erziehungsanstalt für kath. Mädchen; später auch Fürsorgezöglinge. Schulunterricht wird mit Praxisbezug kombiniert (v. a. Haushaltsführung u. Landwirtschaft). 1903/04 Neubau eines Wohnhauses für die Erzieherinnen gegenüber der kath. Pfarrkirche; 1927 Schließung [LAV NRW R: Hochbauamt Elberfeld 48 mit Bauzeichnungen; ebd.: Reg. Düsseldorf 197; M. DENZIN: Und ein neuer Morgen brach an. In: Heimatspiegel, Nr. 3 (1996), S. 13–17; PETERS: Spaziergänge, S. 25; → Tafel 6.2].
1903	Einrichtung einer gewerblichen Fortbildungsschule der Stadt G [VB 1907/08, S. 52]. 1909/11 umfasst die Schule 6 gewerbliche Klassen u. 2 Zeichenklassen, v denen 2 in der ev. Schule G, 2 in der ev. Schule Central u. 2 in der ev. Schule Stockdum untergebracht sind [VB 1909/11, S. 42].
1904	Gründung einer Schule für „schwachbegabte" Kinder in der neuen Schule in Rauenhaus/Ketzberg auf Initiative des Pfarrers Brachmann. Beginn des Unterrichts mit 20 Kindern [VB 1903/04, S. 23]
1921	Gründung einer Mädchenfortbildungsschule für alle gewerblich oder kaufmännisch tätigen Mädchen ab dem Ende der gesetzlichen Schulpflicht bis zum Ende des 17. Lebensjahres [StaS: G 1369]
1924	Der Plan, Sammelklassen für vom Religionsunterricht abgemeldete Kinder einzurichten, scheitert daran, dass keine Unterrichtsräume u. Lehrkräfte zur Verfügung stehen, um 186 Kinder zu unterrichten [ebd. 1222; W. DIEKMANN: Zur Geschichte der Sammelschulen (Weltliche Schulen) zwischen 1919 u. 1933 am Beispiel der Städte Düsseldorf, G, Höhscheid, Ohligs, Wald u. Solingen, Diss. Düsseldorf 2001, S. 162–165].
1951	Gründung der Zentralfachschule der Deutschen Süßwarenwirtschaft (ZDS) als zentrales Aus- u. Weiterbildungsinstitut in der De-Leuw-Str. [Tafel 1.2; 8.2 (im Bild obere linke Mitte)]; 1989: Anbau

IV, 11 Kleinkinderbewahrschulen

1747	Katharina Bürmann beabsichtigt, eine Kinderschule zu gründen, was ihr unter der Auflage gestattet wird, nur Kinder bis zum 5. Lebensjahr aufzunehmen; ältere Kinder müssen die reform. Normalschule besuchen. Es häufen sich in der Folgezeit Beschwerden der Lehrer dieser Schule, dass Eltern ihre Kinder aus der Reform. Normalschule nehmen u. in die „Weiberschule" von Frau Bürmann schicken würden [W. HERWIG: G.er Kinderschule im Jahre 1747. In: Die Heimat, Nr. 6 (1952), S. 11f.].
1867	Einrichtung einer ev. Kleinkinderschule im „Hotel zum goldenen Becher", die bis 1889 bestand [ROESSLE, S. 73]
1898	Helene Piedboeuf gründet einen kath. Kindergarten in der Schulstr., der 1899 v 55 Kindern besucht wird, wobei die Hälfte ev. ist (1900: 10 ev., 33 kath. Kinder). Als sich 1903 die Neusser Barmherzigen Schwestern des hl. Augustinus in G niederlassen, wird ihnen die Eröffnung einer Kleinkinderbewahrschule v der Regierung versagt, da hierfür kein Bedürfnis bestände; es nimmt aber offenbar eine Schwester in der Piedboeuf'schen Einrichtung ihre Tätigkeit auf [StaS: G 1179, 1228; LAV NRW R: Reg. Düsseldorf 29782].
1917	Beschluss der Wohlfahrtszentrale G, 2 Kriegskinderhorte im ehem. Stift u. in einem freistehenden Klassenraum der ev. Schule in Stockdum für Kinder einzurichten, deren Eltern bzw. Mütter einer Erwerbstätigkeit nachgehen [StaS: G 1227]
1954	Einrichtung eines kath. Pfarrkindergartens, heute Kath. Kindertagesstätte St. Marien in der Gerberstr.
1954	Einrichtung des Kindergartens „In der Freiheit"; 1974: Neubau

IV, 11 Bücherei

1873	Leihbibliothek des Borromäus-Vereins in G [LAV NRW R: LA Solingen 297, fol. 26f.]
1880/81	G.er Leseverein betreibt die Übersiedlung der Volksbibliothek aus Wermelskirchen nach G [ebd., fol. 45ff.]. 1905/06 steht eine Volksbibliothek der 1902 gegr. Ortsgruppe des Berg. Vereins für Gemeinwohl mit 1.353 Bde. in der ev. Schule zur Verfügung [VB 1905/06, S. 15]; 1958: Einrichtung einer Zweigstelle der Stadtbücherei Solingen im Deutschen Klingenmuseum [Heimatspiegel, Nr. 2 (1963), S. 7]; 1982: Schließung.

IV, 11 Archiv

1808	Im Budget der Freiheit G sind 6 Rtl. Zimmermiete für das Archiv ausgewiesen [LAV NRW R: Ghzt. Berg 4571].
1896	Nach einer gründlichen Renovierung der ev. Schule in der Schulstr. wird hier ein Raum für die alten Akten der Gem. verwaltung eingerichtet [VB 1896/97 u. 1997/98, S. 21].
1937	Solingen erhält ein hauptamtlich geleitetes Archiv, das auch für die G.er Bestände zuständig ist; 1941 Umzug ins ehem. Stift, 1987 im Verwaltungsgebäude Gasstr. [R. ROGGE: 75 Jahre Stadtarchiv Solingen – ein kurzer Überblick. In: Die Heimat, N. F., H. 28 (2012/13), S. 67–75].

IV, 11 Vereine

1788–92	bestand eine v ev. Bürgern gegr. Lesegesellschaft [O. BAUERMANN: Die G.er Bürgergesellschaft v 1788. In: Heimatspiegel, Nr. 4 (1960), S. 3f.; K. MÜLLER: Das Hzt. Berg v 1609 bis 1806. In: S. Gorißen u.a. (Hg.): Geschichte des Berg. Landes, Bd. 1, Bielefeld 2014, S. 575].
1817	Kirchenchor St. Katharina Solingen-G
1846	G.er Sängerbund [W. SCHRICK: G.er Sängerbund blickt auf 125 Jahre zurück. In: Heimatspiegel, Nr. 3 (1971), S. 26–28; 150 Jahre Sängerbund G v 1846 e. V., FS 1996]
1863	Leseverein zu Paashaus gegr. [H. WEBER/W. SCHRICK: Der Leseverein zu Paashaus u. das Hs Lützowstr. 219. In: Heimatspiegel, Nr. 1 (1971), S. 20f.]
1869	G.er Turn- u. Sportverein
1900/02	50 Vereine in der Gem. G (ohne die religiösen u. kirchlichen Vereinigungen) [VB 1900/02, S. 28f. mit namentlicher Aufzählung]
1920	Gründung der Deutschen Jugendkraft Bergfried G, heute Ballspielverein G; 1933 Auflösung, 1954 Neugründung
1929	Hahneköpp-Verein „Haut ihn"
1948	Verein der Schwaneköpper
1949	Heimatverein Solingen-G e. V. [H. MEYA: Chronik des Heimatvereins Solingen-G 1950–2000, Solingen 2000; H. PATTEN/R. EISENBART: Erinnerungen an die Gründungsjahre des Heimatvereins Solingen-G, Solingen 2011]
1976	Gründung der Arbeitsgemeinschaft G.er Vereine (ARGE)

IV, 11 Museen

1954	Gründung des Deutschen Klingenmuseums im ehem. G.er Rathaus an der Wuppertaler Str. Grundstock der Museumsbestände ist die Vorbildersammlung alter Solinger Schneidwaren, die v der 1904 gegr. „Fachschule für die Stahlwaren-Industrie" in Solingen angelegt u. ständig erweitert worden ist; 1929 „Industriemuseum" in der Fachschule. 1991 zieht das Deutsche Klingenmuseum nach grundlegendem Umbau durch Josef Peter Kleihues ins ehem. Stiftsgebäude in sog. Kl.hof.
1996	Eröffnung des Museums Baden als GmbH im ehem. G.er Rathaus an der Wuppertaler Str. nach Umbau u. Erweiterung [→ II,5 Rathaus; → Tafel 1.2; 7.6]; 2010: Umbenennung in Kunstmuseum Solingen mit mehreren Abteilungen: 1. Museum für moderne Kunst, 2. Slg. Georg Meistermann, 3. 2004 gegr. Bürgerstiftung für verfemte Künste, seit 2015 Zentrum für verfolgte Künste im Kunstmuseum Solingen als gemeinnützige Betriebsgesellschaft. Das Zentrum für verfolgte Künste umfasst die Bürgerstiftung, das Else-Lasker-Schüler-Zentrum/Slg. Jürgen Serke u. die Kunstslg. Gerhard Schneider.
2005	Eröffnung des G.er Museums im Untergeschoss des Deutschen Klingenmuseums, das der Heimatverein Solingen-G e. V. betreibt.

V Wirtschafts- u. Sozialstruktur, Statistik

V, 1 Einwohner- u. Häuserzahlen

1292 Das Urkk.verzeichnis des Notars P. Keyenberg v 1668 führt das Kurzregest einer nicht überlieferten Urk. auf, nach der 36 Hss u. Kotten in G vorhanden sind, die vermutl. in einem Abhängigkeitsverhältnis zum Stift stehen (UB G 46; SIMON, S. 149].

1492 Das G.er Schatzbuch nennt – einschließlich der gewerblich genutzten – 52 schatzpflichtige Hss, was einer Ew.zahl v ca. 250 Personen entspricht [HOOGEWEG, passim; ROSENTHAL: Solingen I, S. 129].

1666 Der Pest fallen in G 150 Personen bei einer Gesamtew.zahl v 450 Menschen zum Opfer [ebd., S. 293f.].

1686 Bei einem Stadtbrand werden 78 Hss, 43 Schmieden, Scheunen u. Stallungen sowie große Teile der Stiftskirche u. 19 im Besitz des Konvents befindliche Hss zerstört; nur 26 Hss bleiben erhalten. Demnach gab es 123 Hss in der Freiheit (ohne Wirtschaftsgebäude) [→ II,2 Zerstörungen, Brände].

1708 105 Hss, 306 über 10 Jahre alte Personen in G [Extractus, S. 130]

1740 In der Freiheit sind 808 Personen in 172 Haushaltungen aufgeführt [StaS: HA II-K-1].

1792 Die Freiheit G hat 1.664, 1800 1.329, 1804 967 Ew [VIEBAHN I, S. 45; MÜLMANN I, S. 327].

1797 931 Ew, 149 Feuerstellen in G, 34 Ew, 5 Feuerstellen im Stift [E. PAULS: Eine statistische Tabelle des Hzt. Berg aus dem Jahre 1797. In: ZBGV 39 (1906), S. 197]

Ew- u. Hss

Jahr	1807	1810	1810	1816	1827	1830
	Mairie	Mairie	Commune	Mairie	Bgm.	Bgm.
Ew	2.140	2.651	1.288	2.762	3.186	3.445
Hs	·	553[1]	·	·	932[2]	392[3]

Jahr	1840	1850	1858	1871	1885	1895
	Bgm.	Bgm.	Bgm.	Bgm.	Stadt	Stadt
Ew	4.049	4.430	4.953	5.424	6.296	6.895
Hs	455	·	523[4]	669	851	944

Jahr	1905	1925	1939	1950	1961	1970
	Stadt	Stadt	Stadtteil	Stadtteil	Stadtteil	Stadtteil
Ew	9.028	10.582	12.219	12.964	14.784	15.877
Hs	1.113	·	·	·	·	·

Jahr	1985	1999	2004	2012	2016	2023
	Stadtteil	Stadtteil	Stadtbezirk	Stadtbezirk	Stadtbezirk	Stadtbezirk
Ew	16.665	19.223	18.923	18.473	18.614	18.615

[Viebahn, S. 45 = 1807; LAV NRW R: Ghzt. Berg 10203 = 1810; LAV NRW R: Reg. Düsseldorf 386 = 1827; Statistik Kr. Solingen, S. 21 = 1830; LHAK 403/4190 = 1840; VB 1882 S. 4 = 1850; C. F. Melbeck: Statistische Darstellung des Kr. Solingen, Solingen 1860, S. 5 = 1858; Stadt Solingen: Statistische Berichte = 1939–85; Stadt Solingen: Statistisches Jb = 1999–2012; Stadt Solingen: Statistikstelle = 2016, 2023]

[1] Feuerstätten in der Mairie [LAV NRW R: Gen.-Gouv. Berg 57]
[2] davon 2 Kirchen, 10 öffentliche Gebäude, 4 Schulgebäude, 44 Nebengebäude, 132 Fabrik- u. Magazingebäude, 375 Ställe, Scheunen, Schuppen, 3 Wassermühlen, = 362 reine Wohnhss
[3] zusätzlich 2 Kirchen, 4 Schulgebäude, 13 sonstige öffentliche Gebäude, 124 Fabrikgebäude (Schmieden, Schleifmühlen etc.), 3 Fruchtmühlen, 365 Schuppen und Ställe = 365 reine Wohnhss
[4] private Wohnhss, zusätzlich 159 Fabrikgebäude, Mühlen etc., 397 Ställe, Scheunen, Schuppen

V, 2 Agrarwirtschaft

V, 2 Ackerbau, Viehzucht

1493 Die G.er Konventualinnen bitten Hz. Wilhelm III. v Jülich-Berg wegen der Teuerung u. schlechten Versorgungslage infolge v Missernten um Brotkorn [LAV NRW R: JB I 836 fol. 39; W. JANSEN: Das Berg. Land im Mittelalter. In: S. Gorißen u. a. (Hg.): Geschichte des Berg. Landes, Bd. 1, Bielefeld 2014, S. 116f.].

‹Um 1500› sind 40 Schweine des Stifts verendet u. 100 Malter Hafer verdorben [UB G 325].

1587 Meisterin Maria v Hochsteden u. der ges. Konvent verpachten Grete zu der Großen Ehren auf 12 Jahre ihr im Ksp. Wald gelegenes u. zur Katharinenvikarie gehörendes Gut zur Großen Ehren mit Mühle für eine Pacht v u. a. jährlich 25 Tlr. zu je 52 Albus köln. Währung, wovon der Vikar 18 Tlr. bekommt: zusätzlich sind 1 fetter Hammel u. 100 Eier abzuliefern u. 2 Fuhren an den Rhein oder nach Wunsch des Stifts zu fahren. Der Vikar erhält außerdem 1 Malter Gerste sowie 1 Schwein, das kostenfrei gehütet u. bevorzugt ernährt werden muss. Bei guter Eckernernte sollen 1–2 Schweine mehr gemästet werden. Jedes Jahr sind 3 Mg seines Landes zu bestellen, abwechselnd auf Kosten des Pächters oder des Vikars, der auch 4 Fuhren Holz jährlich erhält [Entwurf, UB G 474].

1708 24 Mg, 30 Ruten Wiesen u. Benden, 31 Mg, 17 ½ Ruten Gärten u. Baumgärten, 45 ½ Mg, 23 ½ Ruten Büsche u. Weiher, 24 ¾ Mg, 32 Ruten Ödland, 434 ¼ Mg, 31 ½ Ruten steuerbare Ländereien insgesamt [Extractus, S. 130f.]

1716/17 Flächenzahlen in der Freiheit G, der Mg zu 150 Ruten, die Rute zu 16 Fuß gerechnet: Ackerland: 308 Mg, 1 Viertel, 33 ½ Ruten; Gärten: 20 Mg, 1 ⅞ Ruten; Baumgärten: 14 Mg, 4 Ruten; Benden: 23 Mg, 3 Viertel, 7 ¾ Ruten; Büsche: 45 Mg, 3 Viertel, 5 ⅜ Ruten; insgesamt: 412 Mg, 15 Ruten [StaS: HA II-B-4]

1740 In einer Spezifikation der Bevölkerung der Freiheit G werden bei 172 Haushaltungen nur 3 Ackerer u. 26 Tagelöhner aufgeführt, 44 Haushaltungen betreiben Landwirtschaft im Nebenerwerb. Die Pächter der Stiftsgüter sind nicht aufgeführt [ebd. II-K-1; W. EYL: Zur Frühgeschichte der Freiheit G. In: Die Heimat, Nr. 3 (1938), S. 10].

1797 352 Mg (Arpens) landwirtschaftlich genutzte Flächen, 24 Mg Wiesen, 107 Mg (schlechter) Wald in G; zum Stift gehören 369 Mg Ackerland, 29 Mg Wiesen u. 508 Mg (schlechter) Wald [E. PAULS: Eine statistische Tabelle des Hzt. Berg aus dem Jahre 1797. In: ZBGV 39 (1906), S. 197].

Um 1830 leben 37 Personen in der Bgm. G ausschließlich v der Landwirtschaft, davon 8 als Pächter. 263 Personen beziehen ihren Lebensunterhalt aus einer Kombination v Gewerbe u. Landbau; hinzukommen 80 Tagelöhner [HAUER, S. 29; → Tafel 7.1].

Größe u. Zahl der landwirtschaftlichen Besitzungen (1827; in preußischen Mg)

Mg	unter 5	5–10	10–15	15–25
Zahl	127	71	33	36
in %	45,2	25,3	11,7	12,8

Mg	25–50	50–100	200–300	Summe
Zahl	6	7	1	281
in %	2,1	2,5	0,4	100

[LAV NRW R: Reg. Düsseldorf 386]

Größe u. Zahl der landwirtschaftlichen Besitzungen (1849 u. 1858)

Jahr	Mg (preußisch)	unter 5	5–30	30–300	Summe
1849	Zahl	138	168	20	326
·	in %	42,3	51,5	6,1	·
1858	Zahl	166	166	21	353
·	in %	47	47	5,9	·
1858	Mg insgesamt	259	2.478	1.529	4.266
·	in %	6,1	58,1	35,8	100

[LAV NRW R: Reg. Düsseldorf 2160 = 1849; ebd. 2170 = 1858 Stadt G]

1849 96 Ew betreiben in G Landwirtschaft im Haupterwerb, 790 im Nebenerwerb [LAV NRW R: Reg. Düsseldorf 2160].

1858 202 Ew (davon 29 Eigentümer, 8 Pächter u. 165 Familienangehörige) betreiben in G Landwirtschaft im Haupterwerb mit 42 Knechten u. 19 Tagelöhnern, Mägden u. 40 Tagelöhnern [ebd. 2170].

1865 Gründung des „Landwirtschaftlichen Kasinos", das die Weiterbildung der Landwirte zum Ziel hat [VB 1900/02, S. 23]

1903 Gründung der „Landwirtschaftlichen Bezugs- u. Absatzgenossenschaft G" mit 18 Mitgliedern; 1907: 53 Mitglieder [VB 1907/08, S. 67]

1906 Einrichtung eines Obst- u. Gartenbauvereins für Flachsberg, G u. Umgebung [ebd.]

1906 existieren in G 1.225 Gehöfte, v denen 510 Vieh halten [ebd.].

1911 Gründung eines Ziegenzucht- u. Versicherungsvereins zu Paashaus (154 Mitglieder mit 198 Ziegen) [VB 1909/11, S. 57]

Bodennutzung, Stadt G (1848 u. 1859; in preußischen Mg)						
Jahr/ in %	Mg insges.[1]	Gärten, Weinberge, Obstplantagen	Ackerland	Wiesen	Hutungen	Wald
1849	4.230	223	2.370	262	2	1.373
in %	100	5,3	56	6,2	·	32,5
1858	4.425	235	2.390	267	·	1.374
in %	100	5,3	54	6	·	31,1

[1] der landwirtschaftlich genutzten Fläche
[LAV NRW R: Reg. Düsseldorf 2170 = 1858]

Bodennutzung, Stadt G (1885 u. 1900; in ha)						
Jahr/ in %	ha insgesamt	Acker- u. Gartenland	Wiesen	Weiden, Hutungen	Forstungen, Holzungen	sonstige Nutzung[1]
1885	1.108	709	79	·	147	173
in %	100	64	7,1	·	13,3	15,6
1900	1.109	661	80	43	56	267
in %	100	59,6	7,3	3,9	5,1	24,1

[Viehstands- u. Obstbaumlexikon vom Jahr 1900 für den preußischen Staat 12 = 1900]
[1] Hs- u. Hofräume, Wege, Gewässer, Ödflächen etc.

Viehbestand 1815–1927				
Jahr	Pferde	Esel	Rindvieh	Schweine
1815	20	·	336	·
1832	53	·	373	56
1840	62	·	383	46
1858	84	·	271	59
1864	88	3	374	184
1873	69	3 (1 Maultier)	336	41
1900	130	·	462	81
1912/13	162	·	478	369
1927	138	1	429	174

Jahr	Schafe	Ziegen/-böcke	Federvieh	Bienenstöcke
1815	46	137	·	·
1832	140	239	·	·
1840	290	287	·	·
1858	180	330	·	·
1864	360	435	·	·
1873	400	611	·	103
1900	155	485	4.089	51
1912/13	176	262	4.985	56
1927	132	154	6.848	48

[LAV NRW R: Gen Gouv. Berg 57 = 1815 Samtgem. G; Statistische Darstellung des Kr. Solingen, Köln 1832; LHAK 403/4190 = 1840 Stadt G; LAV NRW R: Reg. Düsseldorf Präs. 501 = 1858 Stadt G; LAV NRW R: LA Lennep 232 = 1864 Stadt G; LAV NRW R: Reg. Düsseldorf 36583 = 1927 Stadt G]

V, 2 Fischerei

1513   Hz. Johann III. v Jülich-Berg bekundet, dass sein Vater Hz. Wilhelm III. v Jülich-Berg, dem G.er Stift die Wupperfischerei in der Evertsaue (*Everßauwe*) im Amt Elberfeld v der Mündung der Rutenbeck (*Rutebach*) in die Wupper bis zur Kohlfurther Brücke, wo die Fischerei des Kl. Altenberg beginnt, für die Stiftung einer erblichen Memorie verliehen hat [gleichzeitig Kop.; UB G 343; 1555 = Lacomblet: Archiv III, S. 298; J. Bernhardt: Die Fischerei der Abtei Altenberg im Amte Solingen. In: Die Heimat, Nr. 1 (1950), S. 58].

V, 3 Tonabbau, Steinbrüche, Ziegeleien u. verwandte Gewerbe

1305   Zu den Erwerbungen des Propstes Winrich für das Stift G gehört auch eine Mergelgrube (*agros argillando*) bei G, für die er mehr als 25 Mark ausgibt; die Grube wird angesichts der regen Bautätigkeit des Geistlichen den Ton für die nötigen Ziegelsteine geliefert haben [UB G 57]. Es handelt sich vermutl. um das sog. Ziegelfeld im SO der Freiheit an der heutigen Melanchthonstr., das im Besitz des Stifts ist. Das Grundstück wird A des 19. Jhs. als erbverpachtetes Ackerland genutzt [LAV NRW R: RW Karten 1512; T. Rütgers: Schenkungs-Urk. des Kl. zu G. In: Monatsschrift des Berg. Geschichtsvereins 8/9 (1897), S. 183–185; als Flurbezeichnung → Tafel 1.2; 6.2].

1428   *Stynkell* außerhalb v G [UB G 206]
1588   Johann zur Portzen, Baumeister des Stifts G, pachtet v diesem einen Garten, der an den Stiftswiesen oberhalb der Freiheit in der *Kuilen* liegt [Kop.; ebd. 476].
1703   *Pilosen Kaulen* [StaS: G 1302] = 1796 *Ploußen Kuhl* an der Düsseldorfer Str. u. in der Nähe der Bandesmühlenweiher [LAV NRW R: RW Karten 1512] = 1807 *Plusenkuhl* [ebd.: HA II-B-11, fol. 7] = 1829 Flurbezeichnung *In der Plosekuhl* [→ Tafel 1.1]
1707   *Steinkaule* [LAV NRW R: JB IV 297, fol. 38; → Tafel 1.1]
1893   Eisenbahnanschluss für Ringofenziegelei Hermann Deus in Unten-Flachsberg [VB 1993, S. 6]

V, 4 Mühlen

Die im Folgenden gen., kaum mehr lokalisierbaren Mühlenbetriebe des 15. Jhs. lassen sich den später erw., kartierten Objekten nur schwer zuordnen:

1432   Peter tzo der Moelen ist Bgm. in G, 1445 Schöffe [UB G 213, 239]
1483   Hannes ter Moelen, Bürger zu G, u. seine Ehefrau Druda, die den Beyers Hof aus Stiftsbesitz gepachtet haben, versichern, dass sie den Wasserlauf, der durch die Freiheit u. ihren Hof verläuft, ungehindert in den Weiher des Stifts fließen lassen werden; den v ihnen neben diesem Weiher angelegten Teich wollen sie trockenlegen [ebd. 282]. Auch im G.er Schatzbuch v 1492 wird Hennes zor Moelen erw., der u. a. Land am *moelenbuysch* besitzt [Hoogeweg, S. 86].
1492   In G ist eine *ollichsmoele* (Ölmühle) vorhanden [ebd., S. 87].

Das Stift G besaß mehrere Wassermühlen, v denen 2 in der Freiheit G lagen u. als Fachwerkbauten im 18. Jh. errichtet oder wiedererrichtet wurden [L. Lunkenheimer: Schleifkotten, Mühlen u. Hämmer an den Solinger Bächen, Köln 1990, S. 47f.]:

1. Eine Mühle lag südl. der Abtei am Mühlenteich [Pieper, S. 63] bzw. am Fuß des Stiftshügels am Heiderbach [Rosenthal: Solingen I, S. 285], Plan heute Gerberstr. nahe Parkplatz. Auf dem 1796 v Buschmann erstellten Plan sind die Mühlenteiche östl. des Stiftshofs am Mohrenkamp zu sehen [→Tafel 5.1]. Im „Ocular Entwurf des Kl. G" v 1805 ist die Mühle in der Nähe v Stiftshof, Vikariegründen, Stiftsgärten, -feld u. -busch eingezeichnet [→ Tafel 5.2]; 2 Teiche schließen sich nach SO an [→ Tafel 5.2]. In der 1806 vom Landmesser Esser angefertigten Karte der Abtei u. ihrer unmittelbaren Umgebung ist an dieser Stelle eine „alte Mühle" zu sehen; die Weiher zeigen eine veränderte Gestalt. Im gleichen Jahr bewertete Baumeister Weltersbach das Mühlengebäude mit 380 Rtl. [ebd. 4965]. 1806 wird ebenfalls berichtet, dass beim Stift G ein kleines Mühlengebäude stand, das vor der Säkularisation in gutem Zustand gewesen, nun aber völlig ruiniert sei [ebd. 1431]; 1806 oder 1807 scheint die Mühle abgerissen worden zu sein [Pieper, S. 63; H. Brangs: Die Mühlen des G.er Kl. In: Heimatspiegel, Nr. 1 (1953), S. 2].
2. Eine weitere Stiftsmühle lag nördl. v Abtei u. Freiheit oberhalb der Pützstr. (Garnisonstr.) am Grünewalder Bach beim Eingang ins Grünewalder Tal [Pieper, S. 63]. Auf den Karten v 1796 u. 1806 sind noch die beiden zwischen Hausmanns- u. Winkelfeld [→ Tafel 1.1; 5] gelegenen Mühlenteiche zu sehen [→ Tafel 5.1; LAV NRW R: RW Karten 1512; ebd.: Ghzt. Berg 4965]. Die Mühle wurde bereits E des 18. Jhs. abgerissen, denn 1797 besaß das Stift nur noch eine steuerfreie Mühle in der Freiheit G [Pieper, S. 63; LAV NRW R: JB IV 400; H. Brangs: Die Mühlen des G.er Kl. In: Heimatspiegel, Nr. 1 (1953), S. 2].
3. Die Bandesmühle oder auch G.er Mühle liegt an der Itter in der Walder Honnschaft G, ganz in der Nähe der Freiheit. Sie ist laut Rosenthal mit der 1492 im Schatzbuch erw. Mühle des Hennes zor Moelen identisch [Rosenthal: Solingen, S. 285]. Da Hennes/Hannes bereits 1483 erw. ist, dürfte die Mühle älter sein. Die Bandesmühle war als Fruchtmühle bis 1919 in Betrieb; heute dient das Bauwerk als Wohngebäude [→ Tafel 1.1–2; 4; 6.1–2; LAV NRW R: RW Karten 1512; H. Brangs: Die Mühlen des G.er Kl. In: Heimatspiegel, Nr. 1 (1953), S. 2f.; Heimatspiegel, Nr. 2 (1976), S. 8–10; L. Lunkenheimer: Schleifkotten, Mühlen u. Hämmer an den Solinger Bächen, Köln 1990, S. 48f.; A. Birkenbeul: Mühlen, Kotten u. Hämmer in Solingen, Erfurt 2014, S. 32f.].

2 weitere Mühlenhöfe des Stifts lagen in der Nähe v G im Ksp. Wald:
1. Im Eschbachtal an der Itter stand die später sog. Bausmühle, zu die Überlieferung erst einsetzt, als sie nicht mehr im Besitz des Stifts ist. 1728 errichtete hier der Messerschleifer Johann Baus einen Schleifkotten, der 1766/67 in eine Mahlmühle umgewandelt wurde. 1835 ließ der Kaufmann F. W. Rütgers in der Nähe eine Knochenmühle einrichten u. übernahm 4 Jahre später auch die Mahlmühle. 1853: Verkauf an den Scherenschleifer Kratz, der hier einen Schleifkotten einrichtete, der bis 1940 in Betrieb war [L. Lunkenheimer: Schleifkotten, Mühlen u. Hämmer an den Solinger Bächen, Köln 1990, S. 50–54; H. Richartz: „Neue Mühle" u. „Kratzkotten" im Itterbruch. In: Die Heimat, N. F., H. 16 (2000), S. 35–38; A. Birkenbeul: Mühlen, Kotten u. Hämmer in Solingen, Erfurt 2014, S. 36f.; → Tafel 2.1; 5].

2. 1382 gehen Rechte am *hove zor Eren* am Nümmener Bach, einem Lehngut des Stifts G, an Johann Schöler u. dessen Frau Hase [UB G 142, 143]. 1417 wird die Mühle ausdrücklich erw., als Heyne zu der Ehren u. seine Frau Sophia dem G.er Katharinenaltar eine Wiese oberhalb des Mühlenteichs verkauften [Kop. (16. Jh.); ebd. 176]. 1420 verkauften die gen. Besitzer dem Katharinenaltar ihr gesamtes Erbe zu der Ehren in der Honnschaft Scheid mit dem Hof, allen Gebäuden, der Mühle, mit Feldern, Büschen, Wiesen u. Gewässern etc.; der Besitz diente zur Ausstattung des Inhabers der Katharinenvikarie. M des 18. Jhs. existierte neben dem Gut „Zur großen Ehren" noch ein „Gütchen zur kleinen Ehren" sowie eine Ölmühle [ebd. 188; J. GÜNTHER: Vom ehem. Kl.gut „Zur großen Ehren" in G. In: Berg. Heimatbll. 8 (1929), S. 29f.; H. POHL: Die älteste Geschichte des Hofes u. der Mühle „Zur Ehren". In: Die Heimat, Nr. 1 (1937), S. 1]. 1785 wurde der Hof neu errichtet. M des 19. Jhs. besaß die Mühle ein oberschlächtiges Wasserrad mit 2 Mahlgängen zum Frucht- u. Graupenmahlen. Wohl im letzten Jahrzehnt des 19. Jhs. wurde die Mühle in eine Schleiferei umgewandelt, heute Reiterhof [H. BRANGS: Die Mühlen des G.er Kl. In: Heimatspiegel, Nr. 1 (1953), S. 3; L. LUNKENHEIMER: Schleifkotten, Mühlen u. Hämmer an den Solinger Bächen, Köln 1990, S. 128–130; A. BIRKENBEUL: Mühlen, Kotten u. Hämmer in Solingen, Erfurt 2014, S. 108f; → Tafel 2.1–2].

Die Nümmener Mühle lag in der Honnschaft G. Als Johann Mulner v Nümmen [*Numen*] 1383 eine Urk. bezeugt, bestand die Mühle am Nümmener Bach bereits [UB G 143]. Laut Hebebuch des Rentmeisters des Amtes Solingen zahlte der Müller Abgaben i. H. v 1 Malter Roggen [O. BAUERMANN: Mühlen im G.er Bezirk. In: Die Heimat, Nr. 10 (1955), S. 41; L. LUNKENHEIMER: Schleifkotten, Mühlen u. Hämmer an den Solinger Bächen, Köln 1990, S. 127f.; B. BATTENFELD: Vom Landgut Nümmen zu einer der ältesten Hofschaften G.s. In: Die Heimat, N. F., H. 19 (2003/04), S. 4–8; → Tafel 4].

V, 4 Gewerbe u. Industrie

Gelegentlich lassen sich für G Handwerker in den mittelalterlich-frühneuzeitlichen Quellen nachweisen. Ob diejenigen, deren Familiennamen auf die Ausübung eines Gewerbes hindeuten, dieses auch ausgeübt haben, ist unsicher: 1432 wird Peter tzo der Moelen [UB G 213] gen., 1442 Heinrich Bartscherer [ebd. 224], 1487 Johann Smyt, Vrowyn Schomeker [LOHMANN, S. 75, 76], 1492 Henken Kremer, Ailff Schroder, Johann Becker, Heyn Wever, Bylden Snyder [HOOGEWEG, S. 86–88], 1535 Gerhard Vischer [Kop. (16. Jh.); UB G 378], 1541 Aleff Cremer, Johannes Snytzeler, Heynrich Byldersnyder [ebd. 388], vor 1569 Meiss Tonnenmacher [ebd. 442].

1298	Gf. Wilhelm I. v Limburg-Berg u. seine Gattin Irmgard bestätigen das dem Stift G verliehene Recht, eine Weinschänke (*taberna vini ipsius villae*) zu betreiben [→ III,3: zur Weiterentwicklung dieser Schankkonzession zum Weinzapfprivileg]. 1537 wird der *weynwyrt* (des Stifts) *uff den steynhuys* erw. [UB G 380], das knapp vor der Stiftsimmunität lag; auch M des 18. Jhs. beherbergte das „Steinhaus" (*Steines*) eine Gastwirtschaft [E. BAUMEISTER: Ein Immunitätsstreit in G im Jahre 1740. In: Die Heimat, Nr. 8 (1932), S. 30f.; zur zeitweisen Identität v „Steinhaus" u. Weinschänke des Stifts vgl. LAV NRW R: JB IV 400, fol. 315; → II,2 Siedlungsentwicklung].
1305	Propst Winrich, der sich um die Vermehrung des stiftischen Grundbesitzes verdient gemacht hat, lässt eine *domus braxatoream* auf einem Grundstück des Stifts errichten [UB G 57].
1363	Erw. eines *scheydworter* (Schwertscheidenmacher) *van G* [RODEN I 52, S. 114].
1419	Schneider Gerhard Houltz [UB G 184]
1487	Tylcken *der wirt* [LOHMANN, S. 75]. 1488 wird das *wirdtz huys* des Johann Beitel erw. [HÖROLDT/RODEN III 187].
1492	Erw. eines Schmieds [HOOGEWEG, S. 86]
1492	Vrowyn Schoemecher zahlt Schatz v seinem *loehuys* u. Wylhem Blayff v seinem *backhuys* [ebd., S. 86, 89].
1541	Meister Johann Smyt ist Bgm. der Freiheit G [UB G 388].
1556	Meister Hans Snyder [UB HAMMERSTEIN 1048]
‹vor 1569›	Zimmermann u. Achsenmacher Heinrich u. seine Ehefrau Mettel, Tochter des Meiss Tonnenmacher [Kop.; UB G 442]
1698	Nachdem während der Stadtbrände 1686 u. 1698 alle Brauhäuser zerstört werden, lässt die reform. Gem. auf dem Grundstück des ebenfalls zerstörten Predigthauses ein gemeindeeigenes Brauhaus errichten [ROESSLE, S. 34]. 1716/17 wird der *alte Kirchplatz jetzt Freyheitsbrauhauß* erw. [StaS: HA II-B-4]. Nach der Brauhausordnung war der Bezug auswärtigen Bieres untersagt, das Getränk sollte ausschließlich in G gebraut werden. Im Brauhaus konnte jeder Bürger gegen eine Gebühr v 40, später 30 Albus Bier brauen. Die Braugebühren waren für die Armenkasse der ev. Gem. bestimmt, mussten aber vorerst auch für die Finanzierung des Gehalts v Prediger u. Schullehrer herhalten; 1759/60: Bestätigung der Brauhausordnung [ROSENTHAL: Solingen I, S. 299; O. BAUERMANN: Das G.er Brauhaus u. seine Ordnung. In: Die Heimat, Nr. 4 (1950), S. 15f.]. 1735 werden der *Freiheitsbrawer* u. das *Bräwhaus* gen. [Die Heimat, Nr. 18 (1925), S. 70]; 1783 Verkauf [H. ROSENTHAL: Solinger Wohlfahrtswesen im Laufe der Geschichte. In: Die Heimat, Nr. 9 (1970), S. 33f.].
1716/17	Neben den Handwerkern, welche die Bevölkerung mit Waren des alltäglichen Bedarfs versorgen, nennen die Steuerhebezettel 34 Messermacher, 21 Tagelöhner, 1 Kaufhändler, 2 Viktualienkrämer, 3 Winkeliere (Kleinhändler mit Laden), 3 Bierzapfer u. 1 Glasmacher [StaS: HA II-B-4].
1729	2 Branntweinbrenner, jeweils 1 Tabakspinner u. Hutmacher in Steuerrechnung erw. [ebd. II-B-5]
1740	Der Bierzapfer *aufm Steinhauß* ist kein Bürger der Freiheit G sondern vermutl. im Amt Solingen steuerpflichtig [ebd. II-K-1].

Gewerbe (1740)	
Ackersmann	2
Apotheker	.
Bäcker	6
Bierzapfer	1
Chirurg	1
Feuerstahlmacher	1
Fuhrmann	6
Glasmacher	1
Halfmann/Dyck	2
Hutmacher	1
Kaufhändler	8
Klumpenhändler	1
Knopfmacher	1
Kupper (Kufenmacher, Fassbinder?)	2
Leinenweber	3
Maurer	2
Messermacher	59[1]
Pastor	1
Schlachter	2[2]
Schleifer	7[3]
Schlosser	1
Schmied	2
Schneider	8[4]
Schreiner	6
Schulmeister	1
Schuster	5
Steinhauer	2
Tagelöhner	27
Viktualienkrämer	3
Winkelier	1
Wirt	3
insgesamt	167

[1] 1 Messermacher ist auch Wirt.
[2] Dass der in der Liste aufgeführte Jude Joseph Isaac Metzger ist, erfährt man aus anderen Quellen.
[3] Einer ausdrücklich als Messerschleifer bezeichnet.
[4] 1 Schneider ist auch Krämer.

[Specification der in hiesiger Freiheit G befindlicher Person groß u. klein = StaS: HA II-K-1]

1746	gibt es 8 Wirte, die Bier- u. Branntwein ausschenken u. die Akzise zahlen [E. BAUMEISTER: Getränkesteuer im Jahre 1746. In: Die Heimat, Nr. 9 (1936), S. 35].
1747	In einer Liste der militärpflichtigen, unverheirateten Männer sind für G 43 Dienstpflichtige aufgeführt: 3 Schuhmacher, 1 Bäcker, 2 Glasmacher, 8 Messermacher, 10 Schwertschmiede, 7 Schleifer, 3 Schneider, 1 Bauknecht, 1 Schlachter, 1 Leinenweber, 1 Bauernknecht, 1 Feltscherer, 4 Kaufleute [StaS: HA II-D-2; E. BAUMEISTER: Eine Liste der militärpflichtigen Mannschaften G.s aus dem Jahre 1747. In: Die Heimat, Nr. 8 (1933), S. 31].
1804	17 Kaufleute, 203 Handwerker, 4 Bauern, 51 Mägde in G [T. J. J. LENZEN (Hg.): Beyträge zur Statistik des Herzogthumes Berg, 2 Teile, Düsseldorf 1802/06, Anhang]
1805	Der Berg. Industrie-Kalender nennt Kaufleute, die als Messer-, Eisenwaren-, Bunten-, Seidenfabrikanten, als Spediteure u. im Weingeschäft tätig waren, sowie mit Ellenwaren handelten [Nachrichten über Solingen, Wald u. G aus dem Berg. Industrie-Kalender für's Jahr 1805. In: Die Heimat, Nr. 13 (1929), S. 59].

Um 1820 sind in der Bgm. G 7 Schleifkotten vorhanden. Neben Klingen, Besteck, Scheren, verschiedenen Waffen, Feuerstählen u. chirurgischen Instrumenten werden Stiefelzieher, Sporne, Schlösser, Waagenbalken u. Zangen produziert [General-Tabelle der vorzüglichsten Fabricken u. Manufakturen in den Königlich Preußischen Provinzen Niederrhein, Cleve, Jülich u. Berg, Westphalen u. Sachsen, Köln 1820, S. 90f.].

‹1837› Ein Verzeichnis der in der Bgm. G vorhandenen Fabrikationszweige nennt die in den verschiedenen Handwerksbetrieben beschäftigten Personen: Fabrikation v Eisen- u. Stahlwaren (Ahlen, Feuerstähle, Messer, Gabeln, Scheren, Korkenzieher, Schwerter, Stiefelhaken, Sporen, Schlösser, Waagebalken, Zangen): 441 Arbeiter; 7 Schleifkotten (alle an der Wupper); Herstellung v Baumwollwaren (Siamosenkattune u. Tücher in G, zum Holz, Ketzberg, Ringelshäuschen u. Kluse): 7 Arbeiter an 7 Webstühlen; 1 Färberei für Leinen u. baumwollene Stoffe: 3 Arbeiter; Anfertigung v Leinentuch zum Blaufärben: 5 Arbeiter an 5 Webstühlen; Fabrikation seidener Tücher: 16 Arbeiter an 8 Webstühlen (Dyck: 4 Arbeiter, 2 Webstühle; Pottshaus: 2 Arbeiter, 1 Webstuhl; zum Holz: 4 Arbeiter, 2 Webstühle; Ketzberg: 4 Arbeiter, 2 Webstühle; Rauenhaus: 2 Arbeiter, 1 Webstuhl; Flachsberg: 2 Arbeiter, 1 Webstuhl; Schieten: 2 Arbeiter, 1 Webstuhl; Tummelhaus: 2 Arbeiter, 1 Webstuhl). Gefertigt werden die seidenen Tücher für Elberfelder u. Barmer Kaufleute u. Manufakturinhaber; 2 Essigbrauereien: 5 Arbeiter [E. BAUMEISTER: G.er Fabriken u. Manufakturen vor 100 Jahren. In: Die Heimat, Nr. 2 (1937), S. 7f.].

Berufs- u. Gewerbetabelle 1837, 1849, 1884

	1837 Stadt	1849 Stadt	1884[1] Stadtgem.
Ackermann	·	·	48[2]
Anstreicher, Maler	4	7	7
Apotheker	·	·	1
Arbeiter in chemischen Fabriken	5	·	·
Arzt	·	·	2
Auktionator, Agent, Kommissionär	·	·	1
Bäcker	27	34	7[3]
Barbier	·	4	3[4]
Beamter	·	·	·
Kommunal-	·	2	3
Böttcher, Fassbinder	6	4	1
Bote	·	·	5[5]
Brantweinbrenner	·	·	1
Briefträger	·	·	2
Bruchbandarbeiter	·	·	4
Brunnenbauer	·	·	1
Buchbinder	2	2	1
Drechsler	6	9	3
Fabrikant	·	·	10
Messer-	·	·	2
Seiden-	·	·	1
Stahl- u. Eisenwaren-	·	·	16[6]
Fabrikarbeiter	·	·	50
Färber	·	1	·
Formenarbeiter	·	·	1
Fuhrmann	6	13	5[7]
Gabelfeiler	·	·	12
Gärtner	·	·	4
Gerber	3	·	·
Geschäftsführer	·	·	2
Gießer	·	·	2
Rot-, Gelb-, Glocken-	·	·	6[8]
Zinn-	·	1	·
Eisen-, Blei-	·	25	8
Glaser	4	2	·
Gutsverwalter	·	·	1
Handelsmann	·	·	4[9]
Händler	2	4	2
Ausschnittwaren-	·	1	·
Getränke-	·	·	1
Groß-	9	28	·
Hausierer	12	9	1[10]
Kaufmann	·	·	3
Klein-	·	·	12[11]
Kohlen-	·	·	3
Kolonialwaren-	·	·	1
Krämer	·	·	2
Kurzwaren-	11	4	·
Lumpen-	·	·	1
Manufaktur- u. Kurzwaren-	·	·	4[12]
Pferdemakler	·	·	1
Spezereiwaren-	5	3	14[13]
Vieh-, Kohlen-, Trödler	·	10	·
Viktualien-	30	20	·
Wein-	1	2	·
Handlungsgehilfe	·	·	6[14]
Handlungsreisender	·	·	3
Hebamme	·	·	4
Heftefeiler	·	·	21
Heftemacher	·	·	3
Heizer	·	·	2
Holzwaren-, Schuhmacher	·	2	·
Instrumentenmacher	·	·	3
Klempner	1	2	2
Knecht	49	39	·
Konditor	·	·	1
Korbwarenmacher	·	·	1
Künstler	·	·	1
Kupferarbeiter	·	·	2
Küster	·	·	2[15]
Lehrer	·	·	17[16]
Leimsieder	·	·	1
Magd	146	107	·
Maurer	12[17]	27[18]	6[19]
Messerarbeiter	·	·	3
Messerausmacher	·	·	4
Messerfeiler	·	·	2
Messerreider	·	·	140[20]
Messerschläger	·	·	6
Müller	·	·	3[21]
Musikant	5	·	5
Näherin	·	·	8
Optikerin	·	·	1
Packer	·	·	6
Polizeisergeant	·	·	1
Postverwalter	·	·	1
Putzmacherin	2	5	·
Rad-, Stellmacher	1	1	3
Reider	·	·	1[22]
Riemer, Sattler	1	3	1[23]
Schäfer	·	·	1
Schalenbeitzer	·	·	1
Schalenpresser	·	·	5[24]
Schalenschneider	·	·	10
Scheidenarbeiter	·	·	1
Scheidenmacher	·	·	1
Scherenfeiler	·	·	2
Scherenhärter	·	·	1
Scherennagler	·	·	2
Schirmarbeiter	·	·	1
Schlachter, Metzger	11	8	7[25]
Schleifer	·	·	16[26]
Bügel-	·	·	1
Etui-	·	·	2
Gabel-	·	·	13[27]
Grob-	·	·	1[28]
Messer-	·	·	28[29]
Messing-	·	·	1
Sägen-	·	·	1
Schalen-	·	·	1
Scheren-	·	·	8
Stiefeleisen-	·	·	3
Beitel-	·	·	1
Schlosser	393	381	9
Schlüsselfeiler	·	·	1
Schmied	·	·	2[30]
Bruchbandfedern-	·	·	4
Feder-	·	·	1
Gabel-	·	·	4
Grob-, Huf-	17	14	7
Klein-	·	·	4
Meißel-	·	·	1
Messer-	·	·	88[31]
Scheren-	·	·	3
Schwert-	·	·	3[32]
Stiefeleisen-	·	·	11[33]
Schneider	27	31	12
Schreiner	36	·	10[34]
Schuhmacher	32	35	15
Schwertarbeiter	·	·	1
Schwertfeger, Gürtler	·	·	1
Steinmetzen, Steinhauer	9	13	1
Stiefeleisenfeiler	·	·	2
Stuhlmacher	·	·	1

Tagelöhner	·	·	78[35]
Totengräber	·	·	2[36]
Uhrmacher	2	2	1
Vorschläger	·	·	16
Weber	·	·	100[37]
Seiden-	·	·	5
Wegearbeiter	·	·	2
Wirt	·	·	28[38]
Gast-	12	9	·
Schenk-	34	6	·
Wollkämmer/Strumpfstricker	·	1	·
Zeugdrucker	2	·	·
Ziegel-, Schieferdecker	2	2	3
Ziegler	·	·	1
Zimmermann	1	1	·
Zündwaren- u. Dochtmacher	·	1	·
insgesamt (ohne Tagelöhner)	928	875	966
Zahl der Berufe/Gewerbe (ohne Tagelöhner)	37	42	127
Ew	·	·	6.296[39]

[LAV NRW R: Reg. Aachen 367 = 1837; Adreß-Buch u. Wohnungs-Anzeiger von Solingen, Dorp Höhscheid, Merscheid, Wald u. G, Solingen 1884, S. 1–22 = 1884]

[1] ausgezählt aus dem Adressbuch, Angaben zur Erwerbstätigkeit nur für den Haushaltsvorstand
[2] davon zugleich 1 Schleifer, 2 Spezereiwarenhändler, 1 Bäcker u. Wirt, 1 Kohlen- u. Kartoffelhändler, 1 Wirt u. Kleinhändler
[3] davon 1 zugleich Ackerer
[4] davon 1 zugleich Nachtwächter
[5] davon 1 zugleich Kleinhändler
[6] davon 1 zugleich Stahl- u. Eisenwarenhändler
[7] davon 1 zugleich Wirt, 1 zugleich Botenfuhrmann
[8] davon 1 zugleich Ackerer
[9] davon 1 zugleich Ackerer
[10] colporteur
[11] davon je 1 zugleich Schleifer, Wirt, Schneider
[12] davon 1 nur Manufakturwarenhändler
[13] davon 1 zugleich Kurzwarenhändler, 1 zugleich Eisenwarenhändler
[14] davon 1 zugleich Kleinhändler
[15] davon 1 zugleich Weber
[16] davon 2 Privatlehrer
[17] davon 10 zu Flickarbeiten konzessioniert
[18] davon 11 zu Flickarbeiten konzessioniert
[19] davon 1 zugleich Wirt
[20] davon 1 zugleich Kleinhändler, 2 zugleich Spezereiwarenhändler
[21] alle zugleich Bäcker
[22] zugleich Kohlenhändler
[23] zugleich Spezereiwarenhändler
[24] davon 1 Inhaber einer Schalenpresserei
[25] davon 1 zugleich Wirt
[26] davon 1 zugleich Spezereiwarenhändler, 1 zugleich Ackerer
[27] davon 1 zugleich Ackerer
[28] zugleich Ackerer
[29] zugleich Spezereiwarenhändler
[30] davon 1 zugleich Händler
[31] davon 1 zugleich Ackerer, 1 zugleich Kleinhändler, 1 zugleich Schuhhändler, davon 2 Rasiermesserschmiede, 1 Tafelmesserschmied
[32] zugleich Spezereiwarenhändler
[33] davon 1 unsicher; im Original abgekürzt als "Stiefeleisensch.", daher auch Stiefeleisenschleifer möglich
[34] davon 1 zugleich Kleinhändler
[35] davon 1 zugleich Spezereiwarenhändler
[36] davon 1 zugleich Küster
[37] davon 2 zugleich Ackerer
[38] davon 2 zugleich Bäcker, 1 zugleich Brantweinbrenner, 3 zugleich Kleinhändler, 1 zugleich Kupferschläger, 1 zugleich Sattler, 1 zugleich Schneider, 1 zugleich Spezereiwarenhändler, 3 zugleich Weber, 1 zugleich Schuhwarenhändler, 1 zugleich Ackerer u. Bäcker
[39] Zahl von 1885

1849, 1858 u. 1861 gab es in G eine Reihe gewerblicher Anlagen:

Fabriken u. gewerbliche Anlagen, Stadt G (1849)

Betrieb/Branche	Zahl der				
	Betriebe	Arbeiter	Webstühle	Meister	Gehilfen
Baumwolle u. Halbbaumwolle	·	·	15	15	·
Leinen u. Halbleinen	·	·	1	1	·
Seide u. Halbseide	·	·	238	139	99
Bandweberei ohne Seiden-Bandweberei	·	·	3	3	·
Fabriken chemischer Produkte zum Gewerbe- u. Medizinal-Gebrauch einschließlich Zündwaren	3	9	·	·	·
Wassermühlen (mit 9 Mahlgängen)	3	·	·	3	3
Schleifkotten	6	54	·	·	·
Bierbrauereien	4	10	·	·	·
Branntweinbrennereien	2	4	·	·	·

[LAV NRW R: Reg. Düsseldorf 2160]

Fabriken u. gewerbliche Anlagen (1858)

Betrieb/Branche	Zahl der Betriebe	Zahl der Arbeiter		Zahl der		
		männlich	weiblich	Webstühle	Meister	Gehilfen
Wolle u. Halbwolle	·	·	·	1	1	·
Seide u. Halbseide	·	·	·	196	133	63
Strumpfweberei u. -wirkerei	·	·	·	3	1	2
Fabriken für Strumpfweberei u. -wirkerei	1	3	·	·	·	·
Fabriken für Stahlwaren	2	34	21	·	·	·
Fabriken chemischer Produkte zum Gewerbe- u. Medizinal-Gebrauch einschließlich Zündwaren	3	7	·	·	·	·
Wassermühlen mit 9 Mahlgängen	3	·	·	·	3	2
Schleifkotten	6	79	·	·	·	·
Bierbrauereien	4	5	·	·	·	·
Branntweinbrennereien	1	2	·	·	·	·
Dampfmaschinen für metallische Fabrikationen aller Art (20 PS)	1	·	·	·	·	·

[LAV NRW R: Reg. Düsseldorf 2166]

Fabriken u. gewerbliche Anlagen, Stadt G (1861)

Betrieb/Branche	Zahl der/des		Zahl der Arbeiter		Zahl der		
	Betriebe	Direktions-personals	männlich	weiblich	Webstühle	Meister	Gehilfen
Seiden-, Halbseiden-, Samt-, Seidenband- u. Samtbandwaren	·	·	·	·	184	134	50
Wolle u. Halbwolle	·	·	·	·	1	1	·
Eisengießereien u. Fabriken für Heizapparate u. Kochgeschirr	2	4	17	2	·	·	·
Chemikalien-, Bleiweiß-, Zinnweiß- u. Farben-/Farblack-Fabriken	3	·	41	·	·	·	·
Schleifereien (wassergetrieben)	6	·	80	·	·	·	·
Leimsiedereien u. Gelatinfabriken	1	·	12	·	·	·	·
Wassermühlen mit 9 Mahlgängen	3	·	·	·	·	3	2
Bierbrauereien	2	2	3	·	·	·	·

[LAV NRW R: Reg. Düsseldorf 25008]

1875 Steuerpflichtige Gewerbetreibende in G: 32 Kaufleute, 125 Kleinhändler, 3 Kleinhändler mit Getränken, 37 Wirte, 35 Fabrikanten/Handwerker, 1 Frachtfuhrmann [VB 1882, S. 8]

1882 Gewerbebetriebe: 3 Stahl- u. Eisenwarenfabriken (mit Dampfkraft), 2 Schleifereien (mit Dampfkraft), 1 mechanische Seidenweberei (mit Dampfkraft), 3 Schleifkotten u. 3 Fruchtmahlmühlen (beide mit Wasserkraft betrieben), 4 Schlachtereien, 3 Branntweinbrennereien, 3 Eisengießereien, 1 Farbwarenfabrik, 1 Lack- u. Firnisfabrik, 1 Leimsiederei [VB 1882, S. 9]

1893 Industriezweige in G: Solinger Stahl- u. Eisenwarenfabrikation mit ca. 1.200 Arbeitern, Textilindustrie mit ca. 500 Arbeitern, Farbwarenfabrikation mit 1 Betriebsstätte u. 8 Arbeitern, Lack- u. Firniss-Fabrikation mit 1 Betriebsstätte u. 6 Arbeitern, Zuckerwarenfabrikation mit 1 Betriebsstätte u. ca. 50 Arbeitern, Ziegelstein-Fabrikation mit 3 Betriebsstätten u. ca. 65 Arbeitern [VB 1893, S. 6]

1900 Industriezweige in G: Ziegeleien mit 3 Betriebsstätten u. ca. 82 Arbeitern; Stahl- u. Eisenindustrie mit 12 Betriebsstätten u. ca. 1.130 Arbeitern, Chemische Industrie, Farben-, Lack- u. Firnisfabriken mit 2 Betriebsstätten u. 11 Arbeitern; Textilindustrie mit etwa 203 Arbeitern, Zuckerwarenfabrik mit 1 Betriebsstätte u. 57 Arbeitern. In der Stahl- u. Eisenindustrie sowie in den Textilbetrieben werden z.T. noch Heimarbeiter beschäftigt, wobei dieser Erwerbszweig stetig zurückgeht [StaS: G 2697].

1912 In G sind folgende Unternehmen mit mindestens 50 Arbeitern vorhanden: Metallwarenfabrik (166 Arbeiter), Fahrradnabenfabrik (103 Arbeiter), 5 Stahlwarenfabriken (652, 98, 78, 66, 58 Arbeiter), Seidenweberei (333 Arbeiter), Zucker- u. Schokoladenfabrik (82 Arbeiter), Leinenweberei (339 Arbeiter), Samtweberei (406 Arbeiter) [LAV NRW R: Reg. Düsseldorf 34280].

Betriebe mit mehr als 50 Arbeitern (1912)		
Anzahl	Betrieb	Arbeiter
1	Fahrradnabenfabrik	103
1	Leinenweberei	339
1	Metallwarenfabrik	166
1	Samtweberei	406
1	Seidenweberei	333
5	Stahlwarenfabrik	952
1	Zucker- u. Schokoladenfabrik	82

[LAV NRW R: Reg. Düsseldorf 34280]

Wichtige Gewerbebetriebe seit dem 19. Jh. (Auswahl)

1847 Gottlieb Hammesfahr, Messerschmied aus Mittel-Itter, verlegt seinen Betrieb nach Foche; bereits in der Solinger Messermacher-Zeichenrolle (1684) taucht der Name Hammesfahr auf. 1868 gründen Gottliebs Söhne in Foche eine Stahlwarenfabrik mit maschinell betriebener Schmiede u. Härterei. Einsatz v durch Dampfmaschinen angetriebenen Hammerwerken zur Messerherstellung, seit 1874 Herstellung v Scheren in einem Arbeitsgang im Gesenk. Vorreiter der Mechanisierung des Schmiedebetriebs ist Ernst Hammesfahr (1847–1920). 1895/96: Erweiterung der Fabrik (neues Hammerwerk, Dampfmaschinenanlage, Fabrikreiderei); 1897: Erfindung einer Schleifmaschine für Tisch- u. ähnliche Messer. 1920: 1.110 Arbeiter u. Hunderte v Heimarbeitern; 1921: Vereinbarung mit der Fa. Krupp, wonach Hammesfahr das alleinige Recht erhält, die v der Fa. Krupp entwickelten rostfreien Stähle zu Schneidwaren zu verarbeiten („Nirosta"). A 1970er-Jahre Konkurs, Übernahme des Fabrikgeländes durch die Walder Fa. Krups, die dort bis 1993 Haushaltsgeräte produziert; nach 1993 Abriss der Fertigungsanlagen [F. Hendrichs: Gottlieb Hammesfahr 1684–1934. 250 Jahre Solinger Messerschmiede, Essen 1934, passim; H. W. v Hentig: Ernst Hammesfahr. In: Neue Deutsche Biographie 7 (1966), S. 598f.; zur Verbindung v Heim- u. Fabrikarbeit im berg. Kleineisengewerbe vgl. R. Boch: Das Berg. Land im 19. Jh. (1814–1914). In: S. Gorißen u. a. (Hg.): Geschichte des Berg. Landes, Bd. 2, Bielefeld 2016, S. 206–210; zu den Hammesfahr-Villen vgl. J. Fahmüller/R. Rogge/M. Kieser: Villen in Solingen, Worms 2009, S. 93–97].

1870 Seidenweberei Niepmann mit 50–60 Webstühlen am Piepersberg, später Zweigwerk der Krefelder Weberei Deus & Oetker [→ Tafel 6.1], seit 1920 der VerSeidAG (Vereinigte Seidenwebereien AG) [Rosenthal: Solingen III, S. 66]. Für die Firma arbeiten auch ca. 200 Handweber in Heimarbeit. Um 1913: 315 mechanische Webstühle [Peters: Spaziergänge, S. 12; Benner/Bremes, S. 60].

um 1875 Gründung der Stahlwarenfabrik C. W. Stöcker an der Gerberstr., die Schnitzelmesser für die Zuckerfabriken u. Werkzeuge herstellt. 1958/59: Ende der Produktion; Auflassung der Gebäude [Peters: G, S. 6, 32; zu den Wohnhäusern der Familie vgl. J. Fahmüller/R. Rogge/M. Kieser: Villen in Solingen, Worms 2009, S. 244f.; → Tafel 8.2].

1878 Firma Gebr. Stoll beginnt in der Hauptstr. mit der Produktion v Rasiermessern; 1888: Umstellung auf Maschinenbetrieb, 1878: 3, um 1913: 145 Arbeiter [Benner/Bremes, S. 60].

1885 Albert u. Johann Wilhelm Hillers gründen die Dampf-Chokoladen & Zuckerwarenfabrik Gebr. Hillers mit 5 Arbeitern in G-Flachsberg. 1922 gründen Willy u. Dietrich Hillers die Dr. Hillers AG als Tochtergesellschaft, die das neue Produkt „Dr. Hillers Pfefferminz" vertreibt; um 1913: 150, 1939: 600 Arbeiter; nach 1945: 150 Artikel im Sortiment; 1974 nach wirtschaftlichen Schwierigkeiten Übernahme des Produktionsstandortes durch die Firma Haribo; seit 1997 ist die Marke Dr. Hillers Pfefferminz im Besitz der Firma Katjes Fassin GmbH [J. Putsch: Süßwaren – Aus Hillers wird Haribo. In: ders.: Solingen u. der Zucker. Ein Bilderbogen, Solingen 2005, S. 31–44; → Tafel 7.8].

1892 Emil Engels, Inhaber einer kleinen Stahlwarenfabrik betreibt den Direktverkauf seiner Produkte; Gründung eines Versandhandels, seit 1899 unter der Bezeichnung „Engelswerk C. W. Engels, Foche bei Solingen"; 1892: 4 Mitarbeiter, um 1900: 125–150 Mitarbeiter sowie Hunderte v Heimarbeitern; 1897 eröffnet die Oberpostdirektion Düsseldorf in Foche eine Postanstalt, damit die durch den Versandhandel anfallenden Postsachen bewältigt werden können; ständige Ausweitung des Versandsortiments: neben Stahlwaren auch Werkzeuge, Haus- u. Küchengeräte, optische Instrumente, Uhren, Schmuck, Luxusartikel, Musikinstrumente, Konfektions- u. Papierwaren, Waffen etc., Spezialität „Messer mit bunten Unterlagen" [E. Engels: Das Engelswerk v seiner Entstehung bis heute. In: Engelswerk Jubiläums-Familien-Kalender 1905, Foche bei Solingen 1905, S. 2–31; zur Villa in der Focherstr. vgl. J. Fahmüller/R. Rogge/M. Kieser: Villen in Solingen, Worms 2009, S. 94f., zur Villa Engels in der Wuppertaler Str. S. 243f.].

1907 Karl Engels gründet die „Präzisionsnabenfabrik" (Pränafa) am Bergerbrühl; Zweigwerke in Bielefeld u. Schweinfurt. Das Unternehmen entwickelt sich zum zeitweise größten Produzenten für Fahrradnaben u. Haarschneidemaschinen. Produziert werden auch Naben für Motorräder, Autoanhänger, Kinder- u. Krankenwagen; während des Zweiten Weltkriegs Herstellung v Munitions- u. Geschossteilen; 1937/38: ca. 800, 1948: 300, 1962: 212 Arbeiter; 1963: Stilllegung [Peters: G, S. 56f.; StaS: Sammlungen/FA].

1919 Paul Klett u. Hans Schürhoff gründen die Gräsolin-Lackfabrik an der Wuppertaler Str. (Firmenname: Zusammensetzung aus G u. Solinger Str.), Einstellung des Geschäftsbetriebs zum 31.12.2018 [zur Villa Schürhoff in der Schulstr. vgl. J. Fahmüller/R. Rogge/M. Kieser: Villen in Solingen, Worms 2009, S. 201].

1931 Gründung der Firma Flora-Sämereien Hans Mayer an der Focher Str. 1979 Fusion mit der 1905 gegr. in Ohligs gegr. Samenhandlung Max Frey u. der niederbayerischen Saatzucht Steinach zu „Flora-Frey". Zeitweise Marktführer bei haushaltsgerecht abgepackten Sämereien u. Blumenzwiebeln mit einem Marktanteil v 30 % u. bis zu 500 Mitarbeitern. 2008 Verkauf des inzwischen zur französischen Limagrain-Gruppe gehörenden Unternehmens im Dycker Feld an einen Münchner Investor, Verlagerung des Solinger Standorts nach Quedlinburg, 2011 Insolvenz [Solinger Morgenpost, 20.10.1978; Rhein. Post, 15.9.2008].

Branchenaufteilung der Erwerbstätigen, Stadtteil G (1970)		
Branche	Beschäftigte	%
Land- u. Forstwirtschaft	99	1,5
Produzierendes Gewerbe	4.488	65,7
Handel, Verkehr, Nachrichtenübermittlung	1.089	15,9
Sonstige	1.154	16,9
Summe der Erwerbstätigen	6.830	100
Ew insgesamt/Erwerbsquote	15.877	43

V, 4 Kreditinstitute

1843 Beteiligung G.s an der 1840 gegr. Solinger Sparkasse; 1884 Gründung der Städtischen Sparkasse G [LAV NRW R: LA Solingen 426, fol. 1]. 1921 Zweigstelle am Schlagbaum, 1924 in Foche/Central [Rosenthal: Solingen III, S. 69]. 1929/30: Neubau in der Gerberstr. nahe Marktplatz; 1999: Neubau der Geschäftsstelle G der Stadt-Sparkasse Solingen in der Gerberstr. [Peters: G, S. 31]; 2022: Schließung der Filiale

1869 Gründung der G.er Volksbank, 1876 Zusammenbruch [Rosenthal: Solingen III, S. 51f.]

V, 4 Druckereien u. Zeitungen

1888 Die „G.er Zeitung" erscheint bis 1921 als Kopfbl. „Solinger Zeitung" [J. Knapp: Die Geschichte des Zeitungswesens im Solinger Kreise, Solingen-Wald 1930, S. 140].

V, 5 Wirtschaftliche u. soziale Gesamtentwicklung

Im Mittelalter war G vorrangig eine Stadt der Handwerker, die v.a. für den lokalen Markt arbeiteten. Die Handwerkerelite dominierte die Gem.ämter [→ III,6]. Bes. erfolgreich war Johann Beitel, dessen Wirtshaus 1488 erw. wurde [→ V,4]. Zu seiner Zeit gab es mindestens noch ein 2. – weniger ertragreiches – Wirtshaus, das Tylcken betrieb [→ V, 4]. Johann Beitel bekleidete 1483 das Amt des Bgm. u. Schöffen der Freiheit [UB G 282]. Von allen G.er Bürgern war er gegen E des 15. Jhs. der bedeutendste Landbesitzer u. Steuerzahler [Lohmann, S. 94]. 1492 leisteten seine Erben den höchsten Beitrag zum Schatz der Freiheit G [Hoogeweg, S. 86f.]. Beitels Witwe Bela heiratete Wetzel Kessel v Zündorf auf Schloss Hackhausen u. damit in den niederen Adel ein [Lohmann, S. 95]. Die Familie Beitel war schon längere Zeit in G ansässig u. stellte u. a. Bgm. (1419), Schöffen (1445, 1453, 1505, 1526–41) [UB G 239, 254, 332, 361, 378, 388; → IV,11]. Erster bekannter Angehöriger des Klingenhandwerks war der 1363 erw. *scheydworter van* G (Schwertscheidenmacher) [→ V,4]. 1487 wird Johann Smyt erw. [Lohmann, S. 75]. 1492, 1505 u. 1526 fungierte Meister Johann der Schmied als Schöffe [Hoogeweg, S. 86; UB G 332, 361]. 1541 amtierte eine Person gleichen Namens als Bgm.

[ebd. 388]. Peter tzo Moelen war 1432 Bgm. u. 1445 Schöffe der Freiheit [ebd. 213, 239; RODEN I 52, S. 114]. Ein Hannes zer Moelen amtierte 1492 u. 1505 als Schöffe [UB G 332; HOOGEWEG, S. 86]. Frowyn Schomecher, der auch ein *loehuys* in G besaß, war 1483 Bgm. [LAV NRW R: G Urk. 106], vorher u. nachher Schöffe. Er gehörte sicher zur 1453 privilegierten Schuhmacherzunft des Berg. Landes ober- u. unterhalb der Wupper, der einzigen Handwerkerorganisation, als deren Mitglieder die G.er im Privileg ausdrücklich bezeugt sind [→ III,7 Zünfte].

Die Landwirtschaft spielte in der Freiheit G nur eine untergeordnete Rolle, es gab einige zur Freiheit gehörende Höfe. Die umfangreichen Ländereien des größten Grundherrn der Gegend, des G.er Augustinerinnenkonvents, waren ebenfalls an Bauern verpachtet. Für die in der Freiheit lebenden Handwerker stellte die Landwirtschaft einen notwendigen Nebenerwerb dar. Im Schatzbuch v 1492 wird neben Hss, Höfchen, Scheunen u. Gärten im Wesentlichen kleiner, höchstens mittlerer Grundbesitz verzeichnet [ebd., passim]. Das Land war wenig ertragreich, die Bürgergründe v geringem Umfang u. recht weit abgelegen [→ III,1 Grundherrschaft].

Mehrere Aspekte begünstigten die G.er Handwerkerschaft: G war vermutl. schon vor 1358 Marktort. Im Freiheitsprivileg v 1402 werden 3 Jahrmarktstermine gen. Ob auch ein Wochenmarkt zugestanden worden war, ist unklar. In der 2. H des 15. Jhs. wird der Tuchhandel erw. [→ III,2 Markt].

Wichtig war auch der Pilgerverkehr, der infolge des Aufschwungs der Katharinenverehrung seit A des 14. Jhs. florierte. G entwickelte sich im 14. u. 15. Jh. zu einem Wallfahrtsort v überregionaler Bedeutung. Ob bereits seit dem ausgehenden 12. Jh. Marienwallfahrten nach G stattfanden, ist stark umstritten [→ IV,7]. Auch profitierte in erster Linie das Stift v der Beköstigung der zahlreichen Pilger. Der Konvent beherrschte insb. den wichtigen Weinhandel. 1298 bestätigte der Landesherr dem Stift das Privileg, in G eine Weinschänke betreiben zu dürfen. 1358 erfolgte die Umformung zu einem einträglichen Weinzapfmonopol, das auch im Freiheitsprivileg v 1402 weiter ausgestaltet wurde. Die Bürger blieben auf den Eigenverbrauch beschränkt, für den sie auch auswärts Wein kaufen konnten. Weinhandel indessen durften sie nur auf einem der Jahrmärkte betreiben [→ III,3]. 1537 ist der *weynwyrt uff den steynhuys* erw. [→ V,4]. Den Wein bezog das Stift v eigenen Gärten, u. a. v seinem Hof in Mondorf (Niederkassel) [→ III,3]. Zudem ist sind Weinkäufe auf dem Kölner Markt bezeugt [UB G 470]. 1305 wird ein Brauhaus erw. [ebd. 57].

In bescheidenem Maße werden auch die G.er Handel betrieben haben, wofür das Zollprivileg v 1478 spricht, nach dem Hz. Wilhelm III. den G.er Bürgern u. Eingesessenen Zollfreiheit an allen berg. Zollstellen zu Land u. zu Wasser für ihr Eigentum u. ihre Handelswaren bestätigte [→ III,2 Zoll]. Wollten die G.er Bürger aber in den lukrativen Fernhandel einsteigen, mussten sie ihren engeren Heimatort verlassen. Kaufleute namens *Greverode* sind dem Köln zu finden, wobei es nicht bei allen evident ist, ob sie aus dem berg. G stammen [KUSKE: Quellen IV, S. 266–268, Register]. Bekannt ist v. a. das Lübecker Fernhändlergeschlecht *Greverode* oder *Greverade*. Um 1400 verwandte sich Hz. Wilhelm I. v Jülich-Berg bei der Stadt Lübeck für die Erben des dort verstorbenen Hannus van Greverode, *de uyr samenburger plach ze syn* [E. DÖSSELER: Der Niederrhein u. der deutsche Ostseeraum zur Hansezeit, Düsseldorf 1940, S. 47; ders.: Der Zug nach Osten. Ostseebeziehungen des Berg. Landes zur Hansezeit. In: Die Heimat, Nr. 18 (1934), S. 69]. 1444 besaßen die Danziger Bürger Heinrich u. Hans van dem Berge Erbansprüche an dem G.er Gutshof *an dem Berge* [ROSENTHAL: Solingen I, S. 95]. Eine wichtige Fernverbindung war die Str. zum Rhein, die zu den Besitzungen des Stifts G bei Monheim [→ I,1] sowie zum berg. Hafen Hitdorf führte, v wo aus Waren aus dem Amt Solingen insb. per Marktschiff zur Frankfurter Messe verschifft wurden [T. J. J. LENZEN (Hg.): Beyträge zur Statistik des Herzogthumes Berg, Teil 1, Düsseldorf 1802, S. 26; F. HINRICHS: Das Marktschiff v Hitdorf. In: Die Heimat, Nr. 5 (1960), S. 18].

Da die verheerenden Brände v 1686 u. 1698 nicht nur große Teile der Bebauung, sondern auch der aktenmäßigen Gem.-Überlieferung vernichtet haben, sind Daten zur frühneuzeitlichen Wirtschafts- u. Sozialgeschichte G.s nur bruchstückhaft überliefert. Das Leitgewerbe der Freiheit, das Messermacherhandwerk, taucht erstm. im Zusammenhang mit der Gründung einer Messermacher-Bruderschaft im Amt Solingen auf. Ein Verzeichnis der in Solingen u. Umgebung arbeitenden Kleinmessermacher v 1568 nennt Messermacher in G u. Umgebung. 1571 erhielten die Kleinmessermacher des Amtes G unbeschadet der Privilegien der 3 ebenfalls ambachten der Schwertschmiede, Feger, Härter u. Schleifer eine Bruderschaft [StaS: HA I GH 3, fol. 85–89; R. KAISER (Bearb.): Solingen (= RhStA, V/ Nr. 30), Bonn 1979, S. 9].

Laut Steuerhebezettel v 1716/17 waren in G 34 Messermacher tätig, laut H. ROSENTHAL 38 % der berufstätigen Bevölkerung. Eine große soziale Gruppe bildeten damals die Tagelöhner, während nur 1 Kaufhändler sowie 2 Viktualienkrämer, 3 Winkeliere verzeichnet sind [StaS: HA II-B-4; ROSENTHAL: Freiheit, S. 34]. Die Situation in den ersten Jahrzehnten des 18. Jhs. war dadurch gekennzeichnet, dass die Stadtbrände zu eklatanten Bevölkerungsverlusten sowie zum Niedergang v Handel u. Handwerk geführt hatten. In dem Bericht Johann Wülffings v 1729 ist allerdings v *vortrefflichen Messer- und Schlösser Handwercken u. wohlhabende[n] Kauffleuth[en]* zu Rede [Beschreibung der Vornehmen Handels-Städte u. Flecken Berg. Landes. In: ZBGV 19 (1883), S. 127; in Bezug auf die angeblich zahlreichen Schlosser irrte Wülffing allerdings]. Bei den Kaufleuten handelte es sich wohl v.a. um unprivilegierte Verleger-Kaufleute, die v der Produktion ausgeschlossen waren u. die Fabrikate der „eingeborenen Handwerker" (Ausnahme: Schwertklingen, Waffen) vertrieben [NOTTBROCK, S. 15]. Heimarbeit war auch in G bis weit ins 19. Jh. die vorherrschende Produktionsweise. Als in der Gem. nicht unumstrittene Wirtschaftsförderungsmaßnahme ist der 1737 gefasste Entschluss der Bürger zu interpretieren, die Wall-Graben-Befestigung niederzulegen, um Wohnraum für die neu hinzugezogenen Messermacher zu gewinnen. Damals wurden Wall u. Graben auch als Bleiche u. zum Reinigen des „Gespinses" (Leinenverarbeitung) genutzt [→ II,2 Siedlungsentwicklung, Befestigung; PETERS: Spaziergänge, S. 90].

Einer *Specification der in hiesiger Freiheit G befindlicher Personen groß und klein* v 1740 zufolge waren 54,1 %, der Gewerbetreibenden im eisenverarbeitenden Gewerbe beschäftigt. 8 Kaufleute, 27 Tagelöhner, aber nur 3 Leinenweber u. 4 hauptberuflich v der Landwirtschaft Lebende werden gezählt [StaS: HA II-K-1; → V,4]. 1747 sind v den jungen, unverheirateten Männern 24 im Kleineisengewerbe beschäftigt, wobei überraschenderweise die Schwertschmiede den Messermachern zahlenmäßig überlegen waren. 1747 handelte der Kaufmann Johann Caspar Schnitzler hauptsächlich mit Messern, die er nach Frankreich, Lothringen u. Brabant vertrieb. Er reiste zweimal jährlich zur Frankfurter Messe, ebenso wie die Kaufleute Philipp Jacob Pieper u. Wilhelm Jacob Pieper; Ersterer besuchte zusätzlich dreimal im Jahr die Leipziger Messe [StaS: HA II-D-2]. Abraham Pieper († 1819) besuchte in den 52 Jahren seiner Geschäftstätigkeit 104-mal die Frankfurter Messe [G. PIEPER: Gedenkbll. v unserm Familienbaum, (Düsseldorf-) Pempelfort 1869, S. 13]. Für die Familie Schnitzler werden später auch die Nürnberger u. Straßburger Messen wichtig. Ein Familienzweig betrieb eine Woll- u. Seidenhandlung, andere handelten mit Stahl- u. Eisenwaren sowie mit Tabak. Ein weiterer Erwerbszweig stellte der Weinhandel dar, wobei es zu Auseinandersetzungen mit dem Stift als Inhaberin des Weinzapfprivilegs kam [NOTTBROCK, S. 17; → III,3]. 1797 assoziierte sich Philipp Jakob Schnitzler mit seinem Onkel W. B. Samuel Kirschbaum, einem privilegierten Kaufmann, was der neuen Firma Schnitzler & Kirschbaum die Selbstfabrikation v Stahlwaren ermöglichte [NOTTBROCK, S. 38]. 1797 gründete der Elberfelder Kaufmann Johann Jakob de Foy in G eine Seidenmanufaktur; damals bestand auch noch die Seidenmanufaktur v Schaaf et Drouchel [ROSENTHAL: Solingen II, S. 165]. Koalitionskriege, französische Besatzung u. Kontinentalsperre scheinen die Erfolge der tonangebenden G.er Kaufleute nur geringfügig beeinträchtigt zu haben. A des 19. Jhs. konnten J. P. Pieper & Co. u. Schnitzler & Kirschbaum in Triest u. Italien Fuß fassen u. Handelsbeziehungen zu den Niederlanden, Frankreich, Neapel, Nordafrika u. Konstantinopel aufbauen. Schnitzler & Kirschbaum unterhielt ein Lager in Paris; auch die Beteiligung am Schmuggel über den Rhein war offenbar erträglich [H. ROSENTHAL: Die Bevölkerung des Solinger Industriebezirks 1804–15. In: Die Heimat, Nr. 10 (1953), S. 37f.; ROSENTHAL: Solingen II, S. 224; NOTTBROCK, S. 36f.; StaS: Kleine Erwerbungen 089, Bd. I u. III]. Ein 1806 angelegtes Verzeichnis führt 3 für Lissabon bestimmte Sendungen der Fa. Schnitzler & Kirschbaum im Wert v 8.887 Livres auf, die v englischen Piraten geraubt worden waren [NOTTBROCK, S. 21]. Für die G.er Kaufleute (14 Handel mit Stahl-, Eisen-, Messing- u. anderen Metallwaren, 3 mit Woll-, Leinen- u. Seidenwaren, 1 mit Wein fassweise) herrschte zu A des 19. Jhs. eine recht gute Konjunktur. Als Exportgebiete „in guten Zeiten" werden 1809–11 für die vorherrschenden Produktionssparten Metallwaren, inbes. Schneidwaren, u. Erzeugnisse aus Seide angegeben: Schlesien, Holland, Frankreich, Spanien, Portugal, Westindien, Amerika, Türkei, Polen u. Russland; besucht wurden die Messen in Frankfurt/Main u. Frankfurt/Oder u. Leipzig [LAV NRW R: Ghzt. Berg 5594].

Allerdings war rund ein Zehntel der 1804 967 Personen zählenden Bevölkerung erwerbslos u. unvermögend [→ IV,6 Armenwesen]. 1827 waren 95 % der landwirtschaftlichen Besitzungen in G unter 25 preuß. Mg groß, davon 45,2 % unter 5 Mg.; die Bgm. G hatte 213 Ew, die Landwirtschaft u. Gewerbe gleichzeitig betrieben, 29 selbstständige Handwerksbetriebe mit Gehilfen (51 ohne Gehilfen), 80 Tagelöhner u. 57 Personen, die v öffentlicher u. privater Unterstützung lebten.

Die deutliche Vergrößerung des Gem.gebiets u. der Bevölkerung 1808 u. die beginnende Gewerbefreiheit hatten kaum positive Auswirkungen auf die wirtschaftliche u. soziale Entwicklung. 1816 waren in G nur 2 „Fabrikanten" ansässig, die eine Messe u. zwar die in Frankfurt/Oder [!] besuchten: Rauh & Cie. u. Baus & Linder (Eisenwaren) [StaS: HA II-L-3 Bd. I, fol. 28]. 1822 verzog Eduard Schnitzler nach Köln, 1830 die restliche Familie nach Solingen; 1835 trennten sich die Geschäftspartner Schnitzler u. Kirschbaum [NOTTBROCK, S. 45f.].

29

Die unzureichende Infrastruktur u. der Kapitalmangel in der Heimat werden eine Rolle gespielt haben. Die Stahlwarenherstellung orientierte sich zunehmend nach Solingen [Rosenthal: Solingen III, S. 64]. Die Familie J. A. Pieper ging 1829 nach Düsseldorf, wo das Geschäft fortgeführt wurde; für diesen Ortswechsel waren geschäftliche Misserfolge in Mexiko u. beim Ankauf v Domänenländereien in G entscheidend [G. Pieper: Gedenkbll. v unserm Familienbaum, (Düsseldorf-)Pempelfort 1869, S. 15; zum Handel mit Mexiko vgl. R. Boch: Das Berg. Land im 19. Jh. (1814–1914). In: S. Gorißen u. a. (Hg.): Geschichte des Berg. Landes, Bd. 2, Bielefeld 2016, S. 188–190]. 1827 waren 12 Kaufleute in G tätig, 1837 noch 9; bis in die 1830er-Jahre sank der Wert der in der Bgm. hergestellten Eisen- u. Stahlwaren um ein Drittel. Wie beengt u. kleinteilig die Verhältnisse damals waren, zeigt, dass C. W. Rütgers seine Färberei u. Druckerei für Stoffe aus Leinen u. Baumwolle mit 3 Arbeitern u. die Leinenweberei mit 5 Arbeitern in seinem eigenen Wohnhaus unterhielt [E. Baumeister: G.er Fabriken u. Manufakturen vor 100 Jahren. In: Die Heimat, Nr. 2 (1937), S. 7f.; zum späteren Ausbau u. der Wirtschaftstätigkeit der verschiedenen Familienzweige an der Walder Str. vgl. S. Goedecke: Familie Rütgers. Geschichte(n) aus G, G 2012 u. J. Fahmüller/R. Rogge/M. Kieser: Villen in Solingen, Worms 2009, S. 213f.]. Ein weiteres wichtiges Gewerbe in G war die Tuchherstellung in Heimarbeit. Die Baumwoll-, Samt- u. Seidenweber arbeiteten ausschließlich für Fabriken in Elberfeld u. Barmen [LAV NRW R: Reg. Düsseldorf 2158].

In der 1. H des 19. Jhs. fanden die G.er ein weiteres Betätigungsfeld, das fernab der traditionellen Gewerbe lag. Der rege Medizintourismus infolge der Tätigkeit des Augenarztes Dr. Friedrich Hermann de Leuw (seit 1814/15) [→ IV, 6 Ärzte, Hebammen], führte zu einem Aufschwung im Beherbergungs- u. Transportgewerbe u. zu einer weiteren Verbesserung der Verkehrswege. 1837 gab es 46 Gast- u. Schankwirte. 1835 existierten insgesamt 27 Kutschenverbindungen, die in G hielten, darunter auch die Fahrzeuge der Überlandlinie Berlin–Köln [→ I,1 Post]. 1841 erfolgte der Anschluss an den Bahnhof der Düsseldorf-Elberfelder Eisenbahn, 1845 an den Bahnhof Langenfeld der Köln-Mindener Eisenbahn [The great oculist, or all about Graefrath, London [1859], S. 7f.]. Mit dem Tod de Leuws 1861 endete der Aufschwung G.s als Kurort recht abrupt. Auch der Einzug einer Garnison in das ehem. Stift 1822 trug zum Aufschwung bei; 1893 endete allerdings auch die Militärpräsenz in G [→ Tafel 1.1].

Erst seit den 1870er-Jahren nahm die Industrialisierung in G Fahrt auf. Das Messermacherhandwerk spielte allerdings noch immer eine Rolle: 1884 arbeiteten 88 Messerschmiede u. 140 vermutl. unterbezahlte Messerreider in G. Die Firma Gebr. Stoll stellte ihre Produktion 1888 auf Maschinenbetrieb um. Ernst Hammesfahr, der 1868 mit seinen Brüdern in Foche die Firma „Gottlieb Hammesfahr" gründete, wurde seit den 1870er-Jahren zum Pionier der Mechanisierung u. fabrikmäßigen Herstellung v Stahlwaren, welche die Heim- u. Handarbeit zunehmend überflüssig machten. Manche Verfahren Hammesfahrs wurden vorbildlich für die gesamte Solinger Industrie. Ab ca. 1875 stellte die Stahlwarenfabrik C. W. Stöcker in unmittelbarer Nähe des historischen Stadtkerns u. a. Schnitzelmesser für die Zuckerfabriken her [→ V,4]. An der Wuppertaler Str. fabrizierte die Firma E. v Brosy-Steinberg hochwertige Messer; das Fabrikgebäude v 1912 ist erhalten. Die 1892 in Foche gegr. Firma C. W. Engels (Engelswerk) verband die Fabrikation v Stahlwaren mit einem Werksverkauf u. Versand nach Katalog. Die 1896 gegr. Firma Gebr. Rauh, deren A des 20. Jhs. errichtetes Fabrikgebäude in der Schulstr. in G bis heute erhalten ist, setzte auf das gleiche Geschäftskonzept [J. Fahmüller/R. Rogge/M. Kieser: Villen in Solingen, Worms 2009, S. 168f.]. 1870 eröffnete die Seidenweberei Niepmann als erste mechanische Weberei, für die allerdings auch 200 Handwerker in Heimarbeit tätig waren. 1913 besaß das inzwischen v Deus & Oettker übernommene Unternehmen 315 mechanische Webstühle, Heimarbeiter fanden keine Beschäftigung mehr. Überhaupt war die Seidenweberei ausweislich der Bürgerrollen ein Gewerbe v zunehmender Bedeutung für G. 1885 wurde die „Dampf-Chokoladen- & Zuckerwarenfabrik" Gebr. Hillers in Flachsberg gegr. 1907 siedelte sich die „Pränafa" auf dem Grundstück einer ehem. Dampfschleiferei am Bergerbrühl an [→ V,4 Gewerbe u. Industrie]. Auch die Herstellung v Lacken hat in G eine gewisse Tradition. Begleitet war diese Entwicklung v einem dynamischen Ausbau der Infrastruktur, insb. v der Eröffnung neuer regionaler Bahnlinien [→ I,1 Eisenbahn; →II,2 Versorgungseinrichtungen]. A der 1920er-Jahre waren in G 22,4 % der Bevölkerung in industriellen Betrieben tätig (Solingen 23,8 %, Ohligs 26,6 %, Wald 20,2 %, Höhscheid 17,4 %). Die relative Bevölkerungszunahme 1890–1925 betrug 60 % (Solingen 44,05 %, Ohligs 93,6 %, Wald 129,5 %, Höhscheid 25,4 %) [E. Becker: Die Eingemeindungsfrage im Kr. Solingen, Diss. Köln 1930, S. 19, 30; vgl. dazu auch die negative Einschätzung der wirtschaftlichen Entwicklung G.s durch B. Battenfeld: Von der Mairie G zum Stadtteil v Solingen. In: Die Heimat, N. F., H. 18 (2002), S. 11]. Mit diesem Potential ging G in die Städtevereinigung v 1929 [→ I,7]. Da in G lange das produzierende Gewerbe dominierend war (1970: 65,5 %), bedeuteten die Firmenschließungen seit den 1970er-Jahren einen tiefen Einschnitt in die wirtschaftliche u. soziale Struktur des Ortes. Heute herrscht auf mehreren Gewerbeflächen ein Branchenmix vor: Gewerbe- u. Industriegebiet Dycker Feld, das in den 1970er-Jahren angelegte Industriegebiet Flachsberg, in den 2000er-Jahren der Businesspark Piepersberg [→ Tafel 1.2; 3.3] u. jüngst an der L 357n das Gewerbegebiet Fürkelrath I. Die überregional bedeutsame Zentralfachschule der Deutschen Süßwarenwirtschaft [→ Tafel 7.9; 8.2 (im Bild obere linke Mitte)] u. auch die Düsseldorfer Messe locken zahlreiche Geschäftsreisende in den Ort, die für eine Auslastung der Beherbergungsbetriebe sorgen. Ansonsten ist G ein beliebtes Ausflugs- u. Naherholungsziel. Die vielen Gaststätten im historischen Ortskern sind gut besucht. Das Kunstmuseum Solingen mit dem Zentrum für verfolgte Künste, das Deutsche Klingenmuseum sowie die Events im Hs Grünewald finden großes Interesse.

V, 6 Maße u. Gewichte

1603 G.er Schützenbahn misst *hundert und zehn unser Greverader Ehlen* [W. Crecelius: Die Berg. Schützenfeste im 17. Jh. In: ZBGV 10 (1874), S. 78].

1723 Zu den Aufgaben v Bgm., Schöffen u. Rat gehört die Überprüfung des Gewichts für Brot u. Wecken [StaS: HA II-C-2].

1803 Benennung der Ruten: Köln., davon gehen 150 auf einen G.er Mg = 1 Mg köln. Maß; Benennung des Fruchtmaßes: 1 Lokaler Malter = 1 Malter köln. Maß [LAV NRW R: Ghzt. Berg 10222]

VI Quellen u. Literatur

VI, 1 Wichtige ungedruckte Quellen

1. Archiv der Freiheit G u. Splitter des Amtes Solingen: Historisches Archiv [HA] 1642–1879 [StaS]
2. Akt der ehem. selbstständigen Gem. bzw. Stadt G 1810–1933 [StaS]
3. Urkk.-Slg. 1478–1668 [StaS]
4. StaS = Stadtarchiv Solingen

VI, 2 Wichtige gedruckte Quellen

1. Bergischer Extractus summarius aus dem Jahre 1708. In: Monatsschrift des Berg. Geschichtsvereins 7 (1900), S. 128–131. – Zit.: Extractus
2. Hammerstein-Gesmold, Emil (Hg.): Urkk. u. Regesten zur Geschichte der Burggrafen u. Frhr. v Hammerstein, Hannover 1891. – Zit.: UB Hammerstein
3. Harless, Woldemar: Die Erkundigung über die Gerichtsverfassung im Hzt. Berg vom Jahr 1555. In: ZBGV 20 (1884), S. 117–202. – Zit.: Harless
4. Hauer, Georg Frhr. v: Statistische Darstellung des Kr. Solingen im Regierungsbezirk Düsseldorf, Köln 1833. – Zit.: Hauer
5. Herbers, Cornelia: Die Mirakelberichte des *monasterium S. Mariae* in Gräfrath, Köln 2007. – Zit.: Herbers
6. Hoogeweg, Hermann: Das Schatzbuch v Gräfrath. In: ZBGV 24 (1988), S. 85–89. – Zit.: Hoogeweg
7. Lohmann, Heinrich Carl: Die Auftragung der Untersassen des Hzt. Berg, die Anno 1487 ihrem Hz. Wilhelm II. ein Darlehn gaben: 1. Die Auftragung der Bürger u. Untersassen der Stadt u. des Amtes Solingen, darin das Ksp. Solingen, das Ksp. Wald sowie die Freiheit Gräfrath u. das Gebiet der 4 Kapellen (Gruiten, Schöller, Düssel u. Sonnborn). In: ZBGV 69 (1941/42), S. 25–104. – Zit.: Lohmann
8. Milz, Joseph (Hg.): Rhein. Weistümer, 3. Abt.: Die Weistümer des Hzt. Berg, I: Die Weistümer v Hilden u. Haan, Köln/Bonn 1974. – Zit.: Milz
9. Niederau, Kurt/Poensgen, Aline (Bearb.): Kl. Gräfrath. Urkk. u. Quellen 1185–1600, Solingen 1992. – Zit.: UB G
10. Roden, Günter v (Bearb.): Quellen zur älteren Geschichte v Hilden, Haan u. Richrath, Bde. 1–2, Hilden 1951/58; Bde. 3–5 zusammen mit Dietrich Höroldt, Hilden 1964–73. – Zit.: Roden I, II; Höroldt/Roden III–V
11. Rosenkranz, Albert (Hg.): Sitzungsberichte der Convente der Reformierten Elberfelder Classis, Bd. I: 1611–75, Düsseldorf 1960; Bd. II: 1676–1700, Düsseldorf 1971. – Zit.: Rosenkranz: Sitzungsberichte I, II
12. Simons, Eduard (Hg.): Synodalbuch. Die Akten der Synoden u. Quartierkonsistorien in Jülich, Cleve u. Berg 1570–1610, Neuwied 1909. – Zit.: Simons: Synodalbuch

VI, 3 Wichtige Literatur

1. Benner, Wilhelm/Bremes, Karl: Zur Geschichte der Stadt Gräfrath, Gräfrath 1920. – Zit.: Benner/Bremes
2. Brendler, Albrecht: Auf dem Weg zum Territorium. Verwaltungsgefüge u. Amtsträger der Grafschaft Berg 1225–1380, Diss. Bonn 2015. – Gedruckte Ausgabe: Bielefeld 2020. – Zit. Nach der Online-Ausgabe: Brendler: Territorium
3. Giersiepen, Helga: Das Kanonissenstift Vilich v seiner Gründung bis zum Ende des 15. Jahrhunderts, Bonn 1993. – Zit.: Giersiepen
4. Gräfrather Heimatspiegel. Mitteilungsbl. des Heimatvereins Solingen-Gräfrath (ab 1950). – Zit.: Heimatspiegel
5. Die Heimat. Mitteilungsbl. des Berg. Geschichtsvereins, Abt. Solingen (1925–76; N. F. ab 1985). – Zit.: Die Heimat
6. Houben, Heribert: Das Hauptgericht Kreuzberg. Studien zur Geschichte der Gerichtsorganisation des berg. Landes bis zur Landesreform im 16. Jh., Diss. Bonn 1960. – Zit.: Houben
7. Nottbrock, Philipp: Beiträge zur Geschichte der Familie Schnitzler, Köln 1903. – Zit.: Nottbrock
8. Nussbaum, Norbert: Die rom. Stiftskirche in Solingen-Gräfrath, Solingen 1992. – Zit.: Nussbaum
9. Peters, Lutz: Gräfrath wie es früher war, Gudensberg-Gleichen 2001. – Zit.: Peters: G
10. Peters, Lutz: Solingen-Gräfrath. Spaziergänge in die Geschichte einer altberg. Stadt, Solingen 2012. – Zit.: Peters: Spaziergänge
11. Pieper, Gustav: Gräfrath: die Abtei u. die Stadt. Eine Wanderung durch acht Jhe., Düsseldorf 1883. – Zit.: Pieper
12. Roessle, Julius: Bll. aus der Geschichte der ev. Kirchengemeinde Solingen-Gräfrath 1609–1934, Solingen-Gräfrath 1934. – Zit.: Roessle
13. Rosenthal, Heinz: Am Brunnen in der Freiheit. Aus Gräfraths Vergangenheit, Solingen 1964. – Zit.: Rosenthal: Freiheit
14. Rosenthal, Heinz: Solingen. Geschichte einer Stadt, Bde. I–III, Duisburg 1969, 1972, 1975. – Zit.: Rosenthal: Solingen I–III
15. Seidler, Martin: Der Gräfrather Kirchenschatz. Heiltümer aus sieben Jhn., Solingen 1994. – Zit.: Seidler
16. Simon, Jürgen: Monasterium S. Mariae in Greuerode. Das Stift (Solingen-)Gräfrath v. der Gründung bis zum Ende des 15. Jhs., Siegburg 1990. – Zit.: Simon
17. Spengler-Reffgen, Ulrike: Die Klosterkirche St. Mariä Himmelfahrt in Solingen-Gräfrath, Neuss 2002. – Zit.: Spengler-Reffgen

Die Arbeiten an dieser Atlas-Mappe wurden im Frühjahr 2018 abgeschlossen. Bei den Recherchen habe ich vielfältige Unterstützung erfahren. Den Mitarbeiterinnen und Mitarbeitern des Solinger Stadtarchivs, die mich sehr engagiert betreut haben, danke ich ganz herzlich. Mein besonderer Dank gilt Herrn Ralf Rogge, dem Leiter des Solinger Stadtarchivs, für die kritische Durchsicht des Manuskripts.

Tafelverzeichnis Rheinischer Städteatlas Gräfrath

Tafel 1
- Grundriss Gräfrath nach der Urkarte von 1829 (1:2 500)
- Amtliche Basiskarte Gräfrath 2024 (1:5 000)

Tafel 2
- Topographische Karte Gräfrath 1824/25, Nördliches Bergisches Land (1:25 000)
- Topographische Karte Gräfrath 1843/44, Preuß. Uraufnahme (1:25 000)

Tafel 3
- Topographische Karte Gräfrath 1892/93, Preuß. Neuaufnahme (1:25 000)
- Digitale Topographische Karte Gräfrath 2023 (1:25 000)
- Senkrechtluftbild Gräfrath 2023 (1:5 000)

Tafel 4
- Karte der Bürgermeisterei Gräfrath 1830 (1:15 000)

Tafel 5
- Plan des ehem. Stifts Gräfrath des jülich-bergischen Landvermessers J. W. Buschmann von 1796
- Ocular-Entwurf des „Klosters" Gräfrath von 1805

Tafel 6
- Übersichtsplan Gräfrath ca. 1910
- Pharus-Plan Gross Solingen 1931

Tafel 7
Fotos, Zeichnungen und Postkarten
- Gesamtansicht Gräfrath, um 1840
- Ehem. Stiftskirche Gräfrath, 1895
- Kirchen Gräfrath, 1903
- Bahnhof Gräfrath, vor 1905
- An der Spitzweiche, Gräfrath, um 1906
- Rathaus Gräfrath, um 1914
- Ortsansicht Gräfrath, 1916
- Fabrik Gebrüder Hillers, Gräfrath, 1935
- Gesamtansicht Gräfrath, um 1950
- Evangelische Kirche Gräfrath
- Marktplatz Gräfrath, Blick zur ehem. Stiftskirche, um 1900
- Wasserturm Gräfrath, 1906

Tafel 8
Schrägluftbilder
- Gräfrath, 1926
- Gräfrath, 1960

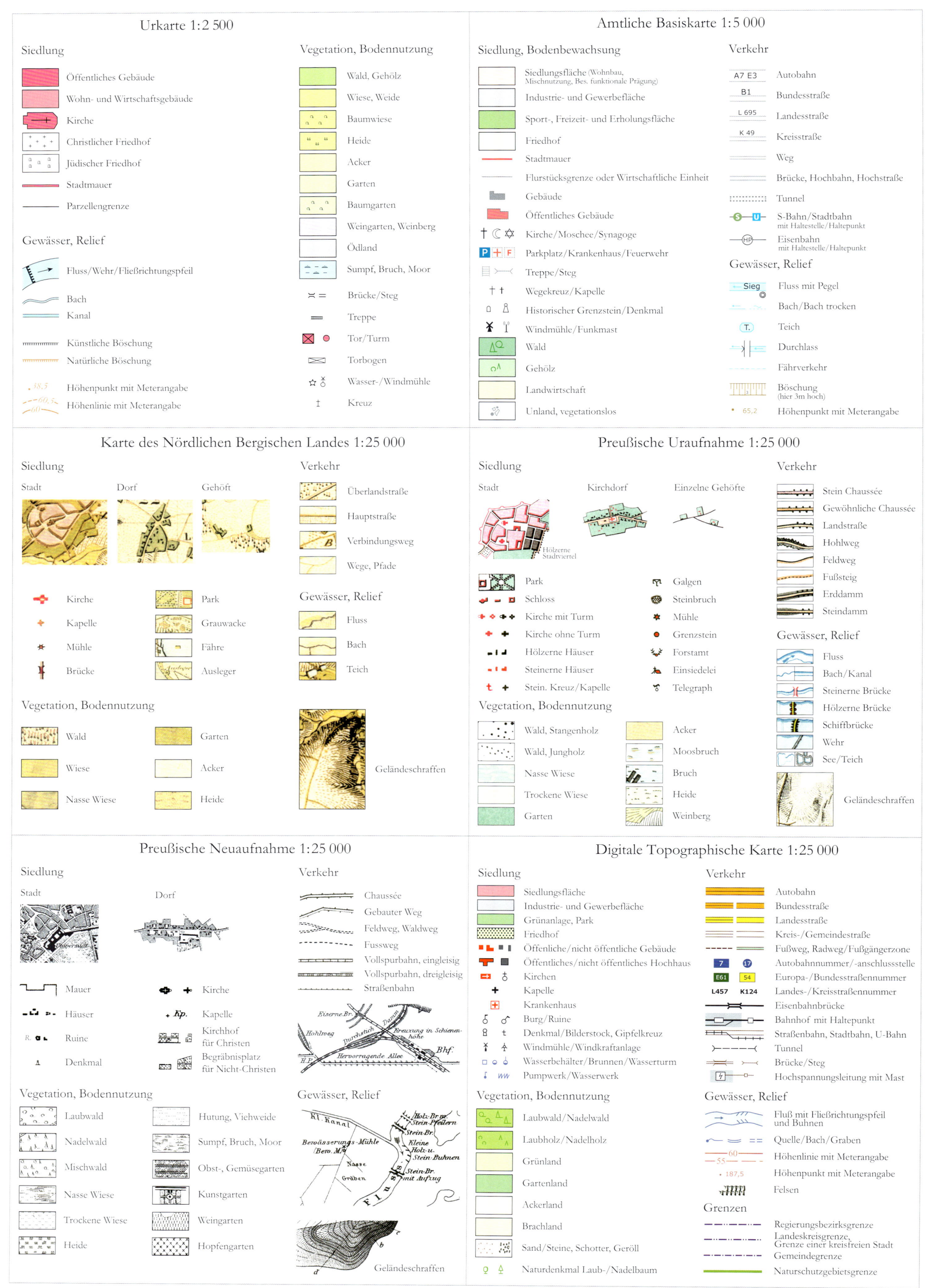

Tafel 1 - Stadtgrundrisse

[→ I, 1, 7, 9; II, 2, 4–5; III, 1–2; IV, 5, 9, 11; V, 3–5]

1) Grundriss Gräfrath nach der Urkarte von 1829 (1:2 500)
   Recherche und Sachkommentar: Irene Johannsen
   Zeichnung: Martina Schaper

2) Amtliche Basiskarte Gräfrath 2024 (1:5 000)
   Zusammensetzung der Kacheln 32364/5674, 32364/5675, 32365/5674, 32365/5675, 32366/5674 und 32366/5675
   Datenlizenz Deutschland - Zero - Version 2.0
   (www.govdata.de/dl-de/zero-2-0)

   (Der weiße Rahmen kennzeichnet den Urkartenausschnitt)

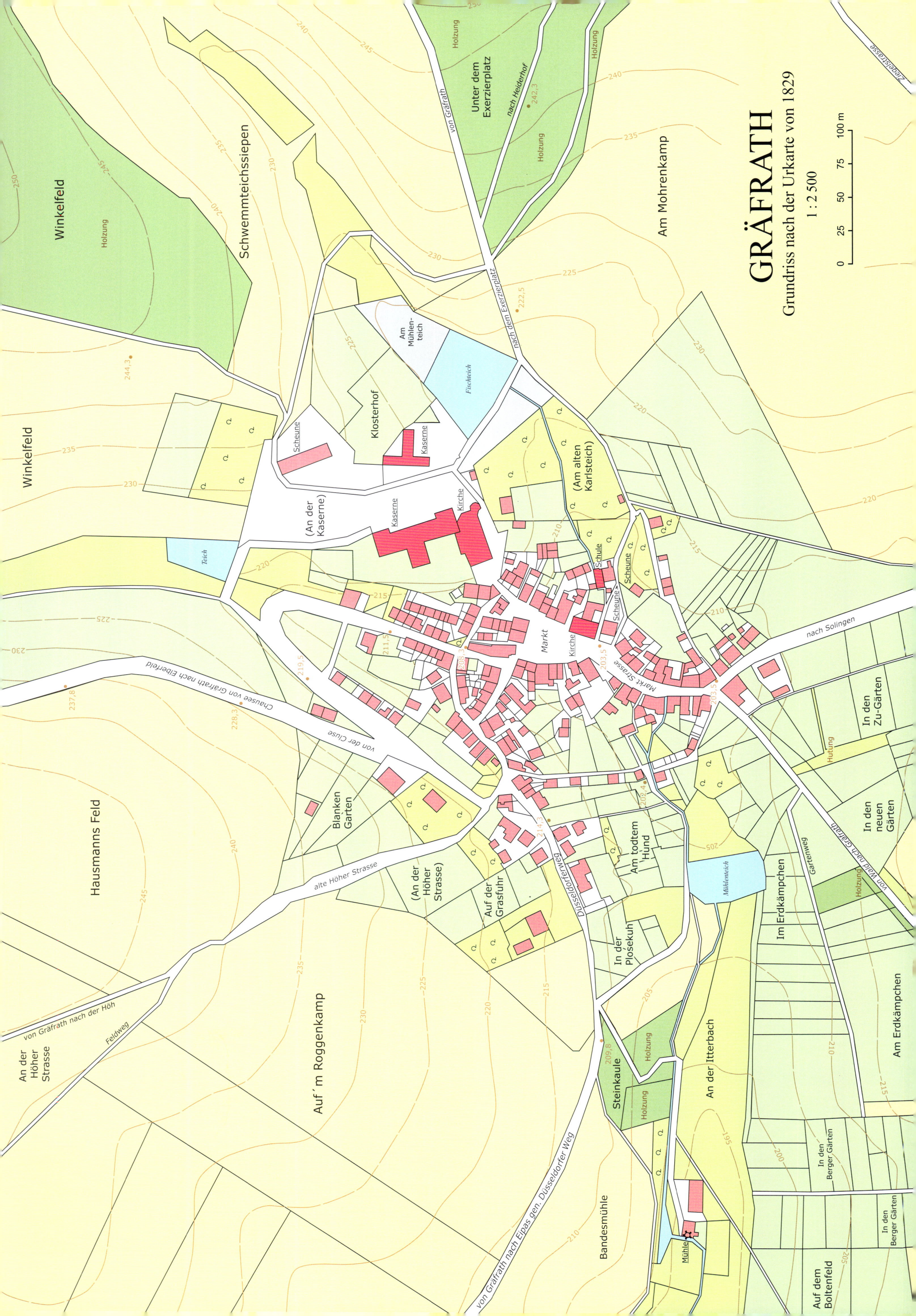

Sachkommentar zum Grundriss der Urkarte Gräfrath

Der Neuzeichnung des Grundrisses Gräfrath liegen folgende Quellen zugrunde:

Urkarte

- Bürgermeisterei Gräfrath, Flur I, Bandesmühl. Gezeichnet vom 1. September bis 15. Oktober 1829 von dem Geometer A. Court. Maßstab 1:1 250.
- Bürgermeisterei Gräfrath, Flur II, Gräfrath. Gezeichnet vom 24. September bis 4. November 1829 von dem Geometer H. Koch. Maßstab 1:1 250.
- Bürgermeisterei Gräfrath, Flur III, Schieten. Gezeichnet vom 15. August bis 31. August 1829 von dem Geometer A. Court. Maßstab 1:1 250.
- Bürgermeisterei Gräfrath, Flur VI, Flachsberg. Gezeichnet vom 10. November bis 10. Dezember 1829 von dem Geometer H. Koch. Maßstab 1:1 250.
- Bürgermeisterei Gräfrath, Flur II, Blatt 1, Gräfrath. Gezeichnet 1829/1839 von Geometer A. Court. Maßstab 1:850.
- Flurbuch Solingen-Gräfrath, 1829.

Die Urkarten befinden sich in gutem Erhaltungszustand. Sie enthalten nur wenige Fortschreibungen, sodass der Grundriss zum Aufnahmezeitpunkt des Katasters eindeutig umgezeichnet werden konnte. Die Kartierung der Kulturarten erfolgte parzellenweise nach den Angaben des Flurbuchs und der Handrisse. Die Beschriftung wurde aus der Urkarte übertragen, in ( ) gesetzte Schrift stammt aus den Handrissen. Gebäudebeschriftungen sind unterstrichen dargestellt. Die Höhenlinien und die Höhenpunkte wurden aus der Deutschen Grundkarte übertragen.

Die Urkarten befinden sich im Stadtarchiv Solingen. Das Flurbuch wird im Vermessungs- und Katasteramt der Stadt Solingen aufbewahrt.

Tafel 2 - Topographische Karten

[→ I, 1, 7, 9; IV, 9; V, 4]

1) Topographische Karte Gräfrath 1824/25 (1:25 000)
   Kartenaufnahme des Nördlichen Bergischen Landes durch v. Müffling 1802−28
   Zusammensetzung der Blätter 4708 Wuppertal-Elberfeld und 4808 Solingen
   Quelle: Reproduktion Geobasis NRW

2) Topographische Karte Gräfrath 1843/44 (1:25 000)
   Preußische Kartenaufnahme 1836−50 (Uraufnahme)
   Zusammensetzung der Blätter 4708 Wuppertal-Elberfeld und 4808 Solingen
   Quelle: Reproduktion Geobasis NRW

Tafel 3 - Topographische Karten, Senkrechtluftbild

[→ I, 7; II, 2, 5; IV, 5, 9; V, 5]

1) Topographische Karte Gräfrath 1892/93 (1:25 000)
   Preußische Kartenaufnahme 1891–1912 (Neuaufnahme)
   Zusammensetzung der Blätter 4708 Elberfeld und 4808 Solingen
   Quelle: Reproduktion Geobasis NRW

2) Digitale Topographische Karte Gräfrath 2023 (1:25 000)
   Kachel 32364/5672
   Datenlizenz Deutschland - Zero - Version 2.0
   (www.govdata.de/dl-de/zero-2-0)

3) Senkrechtluftbild Gräfrath 2023 (1:5 000)
   Zusammensetzung der Digitalen Orthophotos 32364/5673, 32364/5674,
   32364/5675, 32365/5673, 32365/5674, 32365/5675, 32366/5673, 32366/5674
   und 32366/5675
   Datenlizenz Deutschland - Zero - Version 2.0
   (www.govdata.de/dl-de/zero-2-0)

   (Der weiße Rahmen kennzeichnet den Urkartenausschnitt)

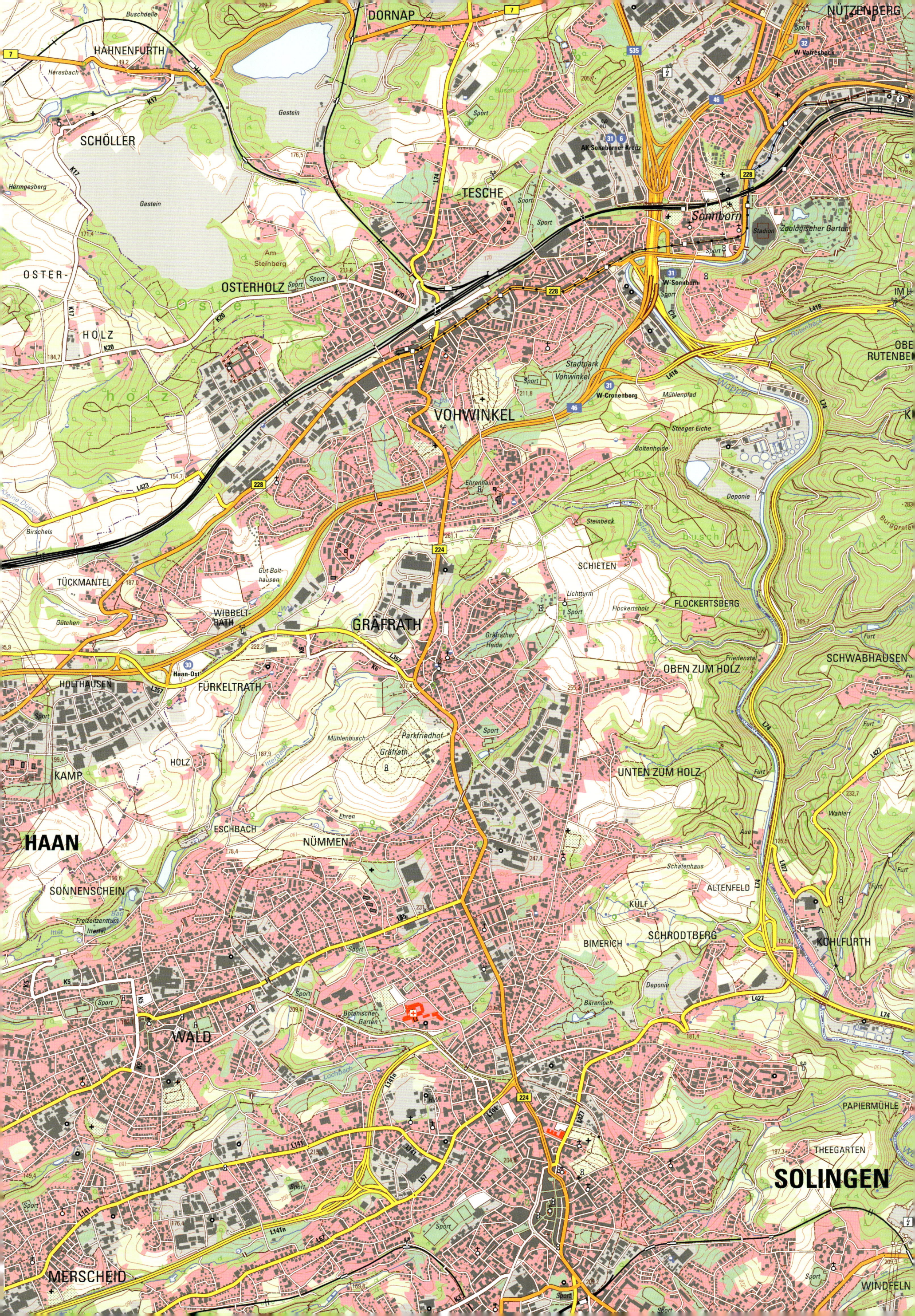

Tafel 4 - Bürgermeisterei-Karte

[→ I, 1, 7; II, 2, 5; III, 1, 9; IV, 9; V, 4]

- Karte der Bürgermeisterei Gräfrath 1830 (1:15 000)
  Verkleinerter Abdruck vom Originalmaßstab 1:10 000
  [Stadtarchiv Solingen, VII-F-8]

Charte von der
BÜRGEMEISTEREI GRAEFRATH
Kreis Solingen,
Regierungs-Bezirk Düsseldorf

Gezeichnet vom 11ten bis 30ten Januar 1830 von Hentze

Für die Richtigkeit
Mettmann 7/8 30
Der Kataster Baumeister

Maasstab 1/10000

Düsseldorf den 10t Oct 1838

Die mit gelber Farbe eingefaßten Flächen der Fluren I und V sind nach Maasgabe der Grenzverhandlungen vom 5ten November 1858 und 4ten Juli 1860 und der Verfügung der Königlichen Regierung vom 30ten September 1860 t. N. 2302 zur Bürgermeisterei Wald gezogen worden. Dagegen sind die mit Flur VII und VIII bezeichneten Flächen aus dieser Bürgermeisterei hinzugekommen.

Tafel 5 - Pläne

[→ I, 1; II, 2, 5; III, 1; IV, 5, 9; V, 4]

• Plan des ehem. Stifts Gräfrath des jülich-bergischen
  Landvermessers J. W. Buschmann von 1796
  [LAV NRW R: RW Karten 1512]

• Ocular-Entwurf des „Klosters" Gräfrath von 1805
  [LAV NRW R: Ghzt. Berg 9926]

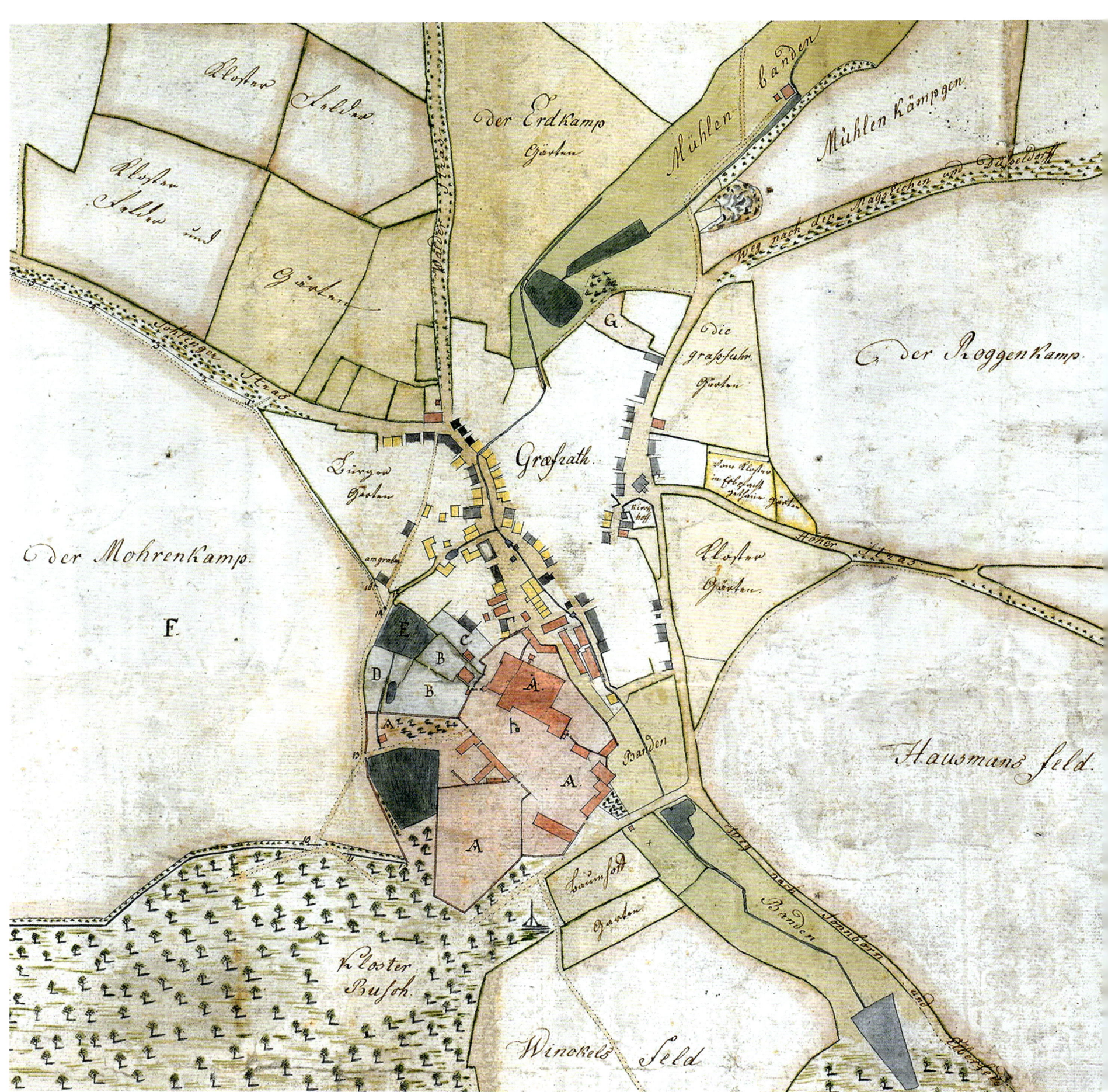

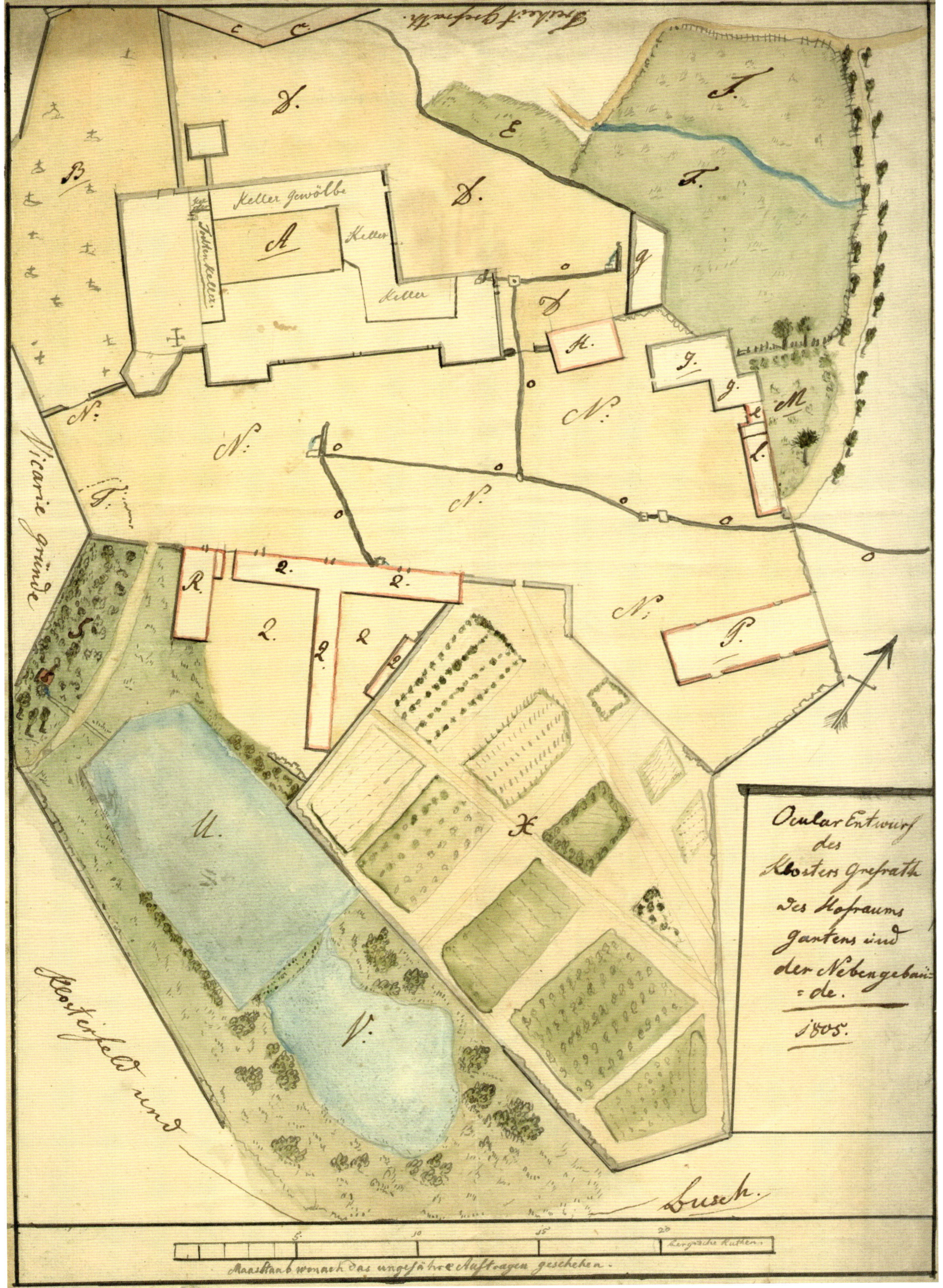

Tafel 6 - Pläne

[→ I, 7; II, 2; III, 2; IV, 9, 11; V, 3–4]

- Übersichtsplan Gräfrath ca. 1910
  [Stadtarchiv Solingen, VII-F-9]

- Pharus-Plan Gross Solingen 1931
  [Stadtarchiv Solingen, VII-G-2]

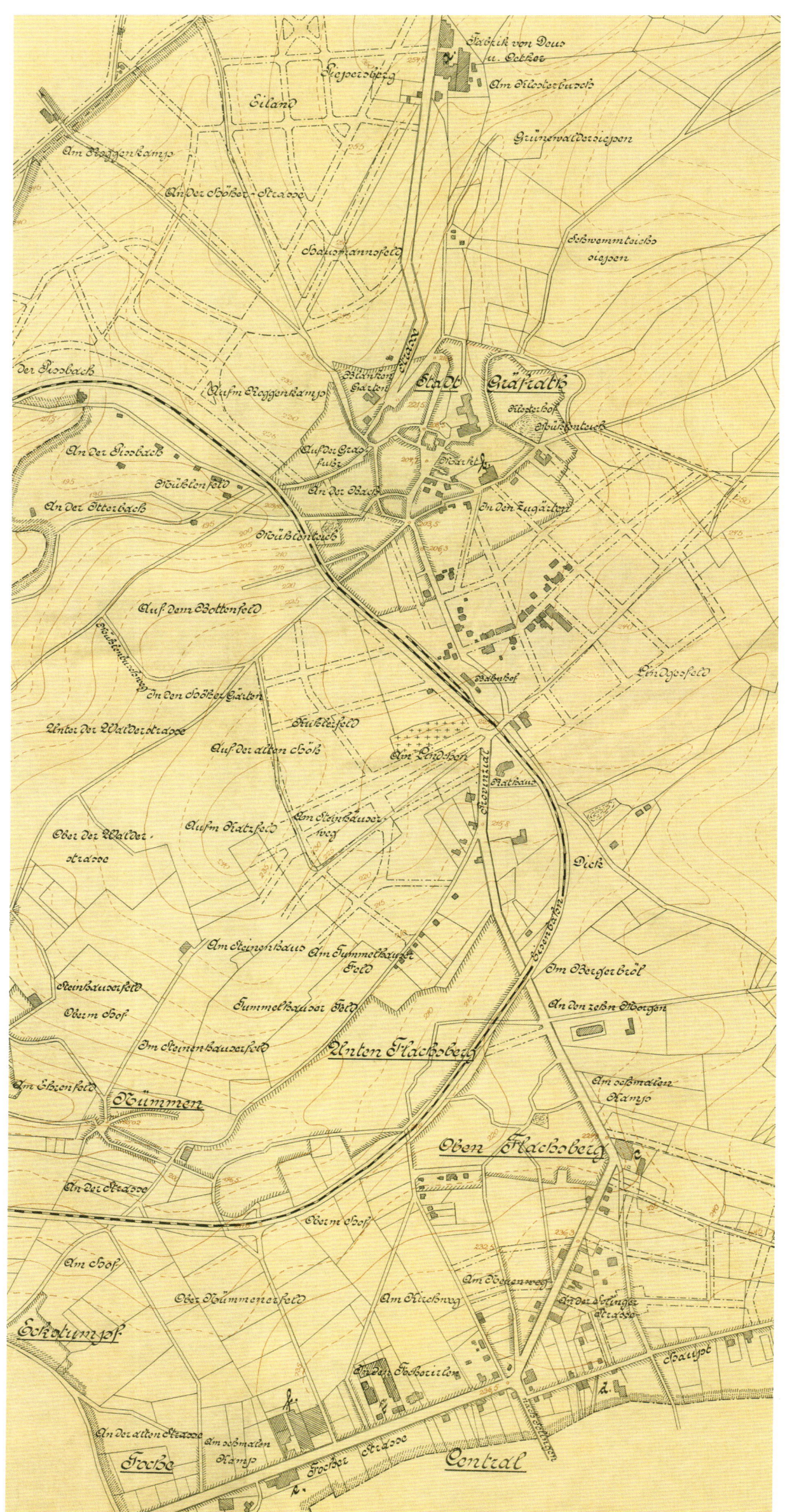

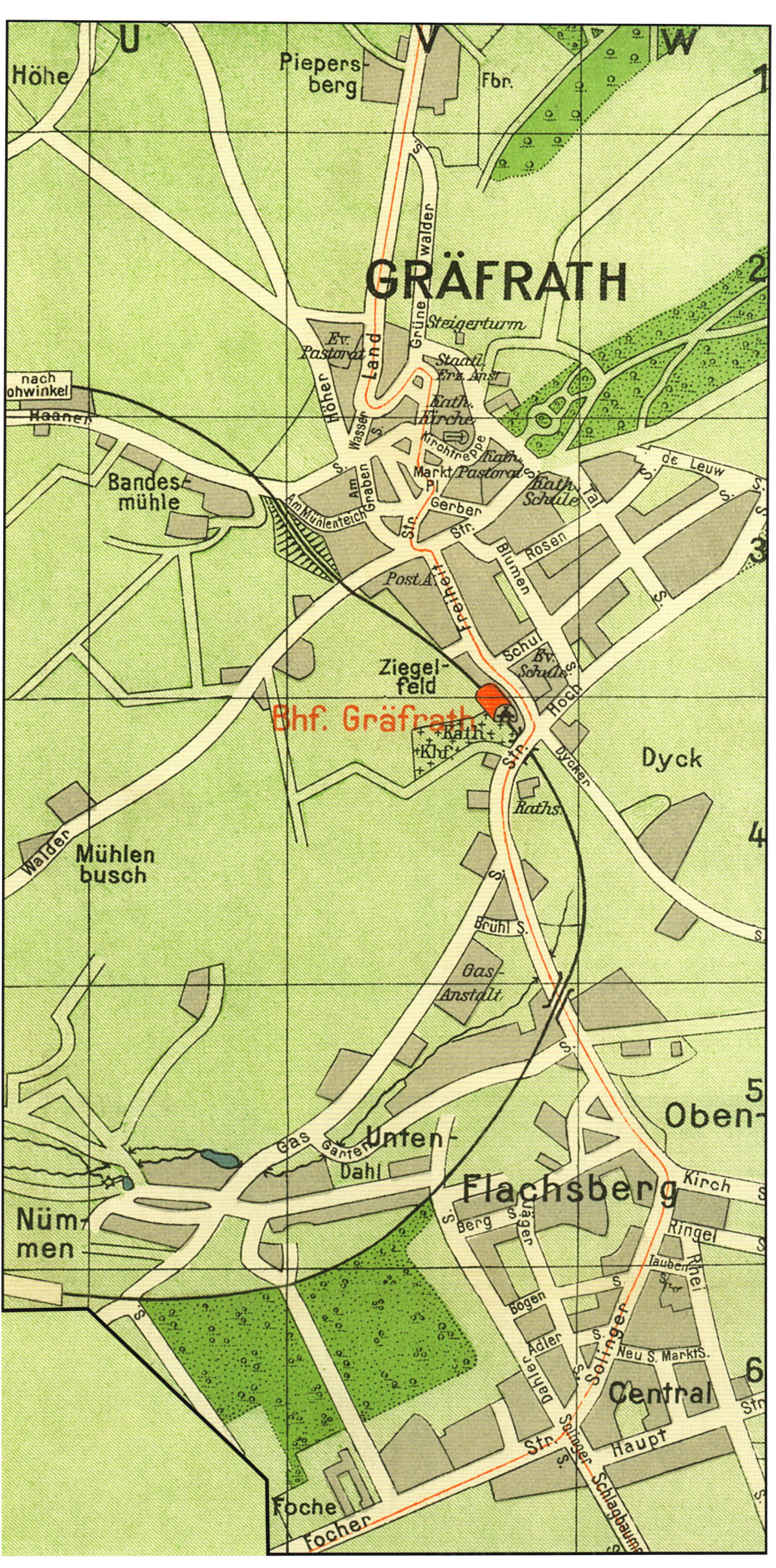

Tafel 7 - Fotografien, Zeichnungen und Postkarten

[→ I, 1–2; II, 2, 4–6; III, 2; IV, 1, 5, 9, 11; V, 2, 4–5]

1) Zeichnung, Gesamtansicht Gräfrath, um 1840
   [Stadtarchiv Solingen, PK 1331]

2) Foto, ehem. Stiftskirche Gräfrath, 1895
   [Fotograf: Bruno Unterbühner; Stadtarchiv Solingen, RS 27115]

3) Postkarte, Kirchen Gräfrath, 1903
   [Stadtarchiv Solingen, PK 1301]

4) Postkarte, Bahnhof Gräfrath, vor 1905
   [Reinicke & Rubin, Magdeburg; Stadtarchiv Solingen, PK 6169]

5) Foto, An der Spitzweiche, Gräfrath, um 1906
   [Stadtarchiv Solingen, PK 0499]

6) Foto, Rathaus Gräfrath, um 1914
   [Fotograf: Otto Lorenz; Stadtarchiv Solingen, PK 0426]

7) Kolorierte Ortsansicht Gräfrath, 1916
   [Max Wipperling; Stadtarchiv Solingen, PK 1324]

8) Schrägluftbild, Fabrik Gebrüder Hillers, Gräfrath, 1935
   [Stadtarchiv Solingen, RS 42717]

9) Foto, Gesamtansicht Gräfrath, um 1950
   [Stadtarchiv Solingen, RS 42716]

10) Foto, Evangelische Kirche Gräfrath
    [Fotograf: Karl Berrenberg; Stadtarchiv Solingen, RS 26915]

11) Foto, Marktplatz Gräfrath, Blick zur ehem. Stiftskirche, um 1900
    [Fotograf: Otto Lorenz; Stadtarchiv Solingen, HRS 24065]

12) Foto, Wasserturm Gräfrath, 1906
    [Fotograf: Max Biegel; Stadtarchiv Solingen, PK 6063]

6

7

8

9

10

11

12

Tafel 8 - Schrägluftbilder

[→ II, 2; III, 2; IV, 5, 11; V, 4–5]

1) Schrägluftbild Gräfrath, 1926
   [Stadtarchiv Solingen, LB 0082]

2) Schrägluftbild Gräfrath, 1960
   [Fotograf: Aero-Foto A. Schwarzer;
   Stadtarchiv Solingen, RS 7475 8-10 2-7]

1

2